一本专业人士写的大众读物

一本法律人士写的**婚姻生活**指南

一本成年人士写的**家庭生活**报告

离婚为什么

LIHUN WEISHENME

王学堂◎著

这是一本法律专业人士写给普通人看的大众法律读物。也是一本法律人士写的婚姻生活指南，更是一本成年人士写的家庭生活报告。作者通过20年的求学生涯、12年的法院司法经历以及3年的公职律师经历，将离婚中常见的结婚、子女、财产之争用朴素通俗地表达、精法、非颗则案例以具体化，形象化、生动化。作者语言朴谦融融，心酸的离婚故事在作者笔下竟能呈现出生命的亮色。给人以希望与勇气，给人以启迪。

知识产权出版社

全国百佳图书出版单位

内容提要

这是一本法律专业人士写给普通人看的大众法律读物，也是一本法律人士写的婚姻生活指南，更是一本成年人士写的家庭生活报告。

作者通过20年的法学生涯、12年的法院司法经历以及3年的公职律师感悟，将离婚中常见的情感、子女、财产之争淋漓尽致地表达、描述，并辅助案例以具体化、形象化、生动化。

本书语言诙谐幽默，心酸的离婚故事在作者笔下屡屡呈现出生命的亮色，给人以希望与勇气，给人生以启迪。

责任编辑：崔　玲　　　　　　责任校对：韩秀天
封面设计：张　冀　　　　　　责任出版：卢运霞

图书在版编目（CIP）数据

离婚为什么/王学堂著. —北京：知识产权出版社，2011.7
ISBN 978-7-5130-0554-8

Ⅰ.①离…　Ⅱ.①王…　Ⅲ.①离婚法—中国—通俗读物　Ⅳ.①D923.9－49

中国版本图书馆 CIP 数据核字（2011）第 084186 号

离婚为什么
Lihun Weishenme

王学堂　著

出版发行：知识产权出版社

社　　址：北京市海淀区马甸南村1号	邮　　编：100088
网　　址：http://www.ipph.cn	邮　　箱：bjb@cnipr.com
发行电话：010－82000860 转 8101/8102	传　　真：010－82005070/82000893
责编电话：010－82000887 82000860 转 8121	责编邮箱：cuiling@cnipr.com
印　　刷：知识产权出版社电子制印中心	经　　销：新华书店及相关销售网点
开　　本：787mm×1092mm　1/16	印　　张：15
版　　次：2011 年 7 月第 1 版	印　　次：2011 年 7 月第 1 次印刷
字　　数：227 千字	定　　价：30.00 元

ISBN 978-7-5130-0554-8/D·1213 （3456）

目　录
Contents

目　录
Contents

目　录
Contents

情系子与亲

纷争财与人

目　录
Contents

陪你一同落泪（代序）

"幸福的家庭总是相似的，不幸的家庭各有各的不幸"。（《安娜·卡列妮娜》）

我在大学期间专业学习法律，自然学过"婚姻法"这门课程。这门课程相对简单，似乎也没有高深莫测的法律用语，自然很轻松地就考试过关了。

但一个二十多岁、没谈过恋爱更没有婚姻经历的"青葱"少年到底对婚姻生活理解多少呢？估计不说您也能猜到。

我大学毕业后被分到法院工作，初任法官时接手了一起简单的离婚案件。庭审中，女方当事人问："大兄弟，你结婚了吗？""你知道婚姻的学问吗？"两句话，吓得我落荒而逃，只得申请庭长易人。这事过去十六年了，但每当遇到离婚案件，我总想起这件事。没有婚姻经历，你有什么资格去审理、去裁判这种案件呢？

延安五老之一、我国法学的先驱者董必武曾说，法是人搞的，没有什么神秘，但法是科学。为什么法律规定 23 岁以上的成年人才能当审判员，其他干部并没有这样的年龄限制呢？就是由于当审判员，要懂得些法学知识，还要懂得些人情物理。做审判工作，只懂得法，不懂人情物理，法学博士也不一定能搞好审判工作。"❶

----

❶ 见 1958 年 4 月董必武《当前司法工作的几个问题》。

1

离婚为什么

今天的我，结婚生子十多年了，从事着一份与法律相关的工作。有一天我惊奇地发现，日常生活中与我谈及法律问题或向我咨询的，80%都是婚姻家庭问题。这绝不只是我个人的感受，身边多位从事法律工作的人都有同感。

我深知，对大多数中国人来说，离婚不是件容易的事，因为你要考虑很多因素。从文本的法律到实际的婚姻生活，非有多年生活阅历者不能掌握。

不止一个朋友问我，为什么不写本有关离婚的书呢？问话的他们或者是机关干部，或者是企业家，有大学教授，也有文化层次较低的人，有男更有女。他们都盼望有那么一本既有点法律理论，又不乏生活阅历的婚姻（特别是离婚）指南书。

尽管市面上关于离婚的书业已林林总总（写作过程中我参阅了不下40本），但似乎总有遗珠之憾，或理论太强，或以创作故事为主。这样的书当然可以读，但于正处在离婚过程中的当事人有多大作用是要打个问号的。

不惟如此，就我所见，有些书中相当多的解答竟然在起反作用（我在后面不可避免地会提及，如分居2年会自动离婚、离婚判决书要换离婚证等）。尽管上述非专业问答在我们法律专业人士看来是很可笑的，但现实生活中诸如此类以讹传讹的答案并不乏见，甚至有些教条式理解也发生在我们这些专业人士身上。放宽视野，这也正是我国现有法律素质和普法水平的真实反映。

那么，我能写出他们（也包括读者朋友）心目中的那样一本书吗？尽管我是个自负的人，尽管我自认为对婚姻法律有一定的研究，但婚姻是门大学问，是普通如我者力所不逮的。因为人生往往不是按照自己的设计来运行的，你想象的那个人不一定能成为你的爱人。离婚亦差不多，生活并不按我们的想象来运行。

由于职业原因，我在日常生活中接触的婚姻大都是不幸福的（幸福的还用求助于法律？）：同居期间被骗财骗色的，仓促结合感情不合的，婚姻期间情感出轨的，家庭暴力的，子女不孝阻挡婚姻自主的。作为弱势群体的他们希望得到法律的帮助，因为法律是公正的。可是，作为法律人，我却往往不能给出他们有效的救济途径。

这当然不只是我个人的能力有限，更多是因为法律的局限性，法律不是万能的。很多处于弱势的妇女经常向我抱怨，政府（公权力）、法律如何不作为，如何不能有效维护她们的权利。其实，她们有所不知的是，公权力确实有时爱莫能助。

情感是很私人的事，爱就爱了，恨亦如此。婚姻家庭案件都发生在家庭（房屋）内部，所谓"风可进雨可进国王不能进"，西方有法谚，公权力不能侵入床笫之私。在两夫妻休息的卧室里，中间不能横躺着一个第三者，这个人尤其不能是政府（公权力）。

婚姻生活就像你的鞋子，舒服与否只有你自己知道。在婚姻案件中，必须考虑很多因素，作为法律人能帮助你的除了离婚（可能有时分多点财产）以外，其他能够做到的很少，如想让怨偶变成恩爱和美的夫妻，可能难于上青天。

尽管我们现在讲依法治国，但法律的力量到底又有多大呢？有时从个案看来，法律很无奈。我们经常讲"依法办"，但那些话其实都是空话，都是骗人话。举个简单的例子：面对变心的丈夫，妻子怎么样去"依法"？丈夫有了外遇，昔贫贱今富贵的妻子自然不想离婚成全"奸夫与淫妇"。怎么办？没有好的办法。如果"依法办"，那华山自古路一条，只有离婚。可是，这倒正好便宜了那对"奸夫"与"淫妇"。

我们的社会还没有为弱势群体提供充分的保障，我们的法律在实施中还有这样那样不尽如人意的地方，我们每个人都没有救世主那样的能量。但只要我们努力过，这就足够了。

本书的写作就是缘起于此。

现代社会，由于生活节奏加快，公民自我意识、权利意识和隐私观念的膨胀，人和人之间的实际交际范围事实上在变小。特别是在外来人口较多的大都市，已经开始从传统的熟人社会转化为陌生人社会。时下的人们把自己圈于小小的家庭，家庭是公民私有权利的"城堡"。于是人的交际范围正是以这种"钢筋水泥"垒成的城堡为界限，出现了所谓交际圈子的

"极远化"（以网络交友为代表）和"极近化"（以三人家庭为代表）趋势。

这导致一些在熟人社会中的，许多既有的、行之有效地调整人际关系的方式（如居委会老大妈深入家庭调解纠纷、以家长制为主的议事机制）成为明日黄花，已经不再起作用，或者说不再起主要作用。

你在熟人社会敢有"小三"吗？不可能！因为我们中国人讲面子，你给我面子，我才给你面子。而面子，直接影响到人与人之间的关系，影响到我们的社会生活。原来包二奶是要受大家"戳脊梁骨"的，而今天成了成功男人的标志。在以前，居住小区内来了陌生人，别人都会进行盘问，甄别你是好人还是坏人后才让进，而现在大家普遍多一事不如少一事，少一事不如事不关己高高挂起。再如，原来人人都关心别人隐私，你如果重婚，人人都会举报你，而今许多高档小区内这种现象并不少见，大家都成了"打酱油的"，熟视无睹，视若未见，见而避之。

由于生存压力，人在职场中更多地表现出"伪善"的一面，人们更多表现的是"谦谦君子"或"温馨可人"的男女形象。但人的承受力是有限度的，在不能有效排解的前提下，卸下"职业伪装"外套的都市男女极容易将家庭当做压力排泄的场所，于是家庭暴力也成为矛盾的易发地。在"干柴"一遇"烈火"时，就会发生"爆炸"。离婚成为许多人不可选择的武器！

也正是由于人际交往的半径过度狭小，使纳入婚姻家庭引发犯罪视野的"被害对象"除了亲人还是亲人。因为一般人都对外人有防范之心，使犯罪难度加大；而亲人之间缘于血缘、亲情以及居住所形成的信任和便利直接导致了弑亲的既遂！再没有比这种对亲情的反报复让我们更痛心的事了！

深究原因，许多惨剧就是由于沟通不力造成的。这个社会不缺少说话的人，但缺少能够倾听你说话的人。人人都想说，而不想听。昔日的居委会大妈起到倾听者、心理抚慰者的作用，可惜现在她们也在忙，没有时间听你把话说完；而律师则往往把谈话时间长短与收费多少来联系；忙于结案的法官更是无空闲听你的家长里短。

我们这些法律人，最无益的是空谈法律，有时陪那些需要帮助的人聊天、掉眼泪可能比法律更管用一些。央视《艺术人生》主持人朱军访谈一直单身的演员王志文："40了怎么还不结婚？"王志文说："没遇到合适的。"朱军问："你到底想找个什么样的女孩？"王志文想了想，很认真地说："就想找个能随时随地聊天的。""这还不容易？"朱军笑了。"不容易。"王志文说："比如你半夜里想到什么了，你叫她，她就会说：几点了？多困啊，明天再说吧。你立刻就没有兴趣了。有些话，有些时候，对有些人，你想一想，就不想说了。找到一个你想跟她说，能跟她说的人，不容易。"

是的，我们能够体会那种深深的难以言说的滋味，找一个能随时随地聊天的人在今天真的很难，尽管我们手机中的联系人成百上千。

就我看来，现代婚姻案件中的自认为受了委屈的女方（男方），向别人倾诉一下自己心中的委屈，真的是非常有必要的。

关于婚恋，已经有太多的人说了太多的话。尽管汗牛充栋，尽管苦口婆心，尽管有身边许多人在给我们作参照物，但该出的问题依然出，该痛苦的仍然还要痛苦，该走弯路的仍然要经受曲折。

因为婚恋与情感，不是一门科学，不可能按照既有程序来设定。在这个意义上，尽管这是本专门写离婚的书，但你认真仔细地阅读了，可能对打离婚官司仍然不会有太大的帮助。这是我必须要提醒您的！

既然如此，浪费你的时间和金钱阅读有什么用呢？

用处当然还是有一点的。在我看来，我们的生活不是不能存在矛盾，不是不存在纠纷，而是要有一种化解矛盾和纠纷的机制。夫妻生活中"勺子总会碰锅沿"，矛盾发生后要有合理的处理机制，例如夫妻之间的互谅互让，大一点的纠纷有人给我们调解，调解不成就去法院，而不能动辄以暴力、以杀人为解决手段。

《孙子兵法》有言："是故百战百胜，非善之善者也；不战而屈人之兵，善之善者也。"通过阅读本书，你可以避免离婚退而其次是离婚诉讼，这是我最想做到的。

更重要的是，通过阅读，你会知道你的经历并非个案，这也许能舒缓你的不安和焦虑情绪。

但必须要明确一个观点：法律是有局限性的。知道和承认这一点，我用了 20 年时间（今年也是我学习法律 20 周年）。但这一点对你我他，对我们这些普通老百姓都很重要。

我愿意用自己的所长（当然也就是法律知识），还有一点人生阅历来帮助正困惑地走在婚姻道路上的你。但说起来容易，做起来不易。

愿天下人都幸福。

如果您不幸福，就让我倾听你的诉说，哪怕陪你一同落泪。

是为前言。

二〇一一年春节假期

离婚说明书

通用名称：打离婚。

汉语拼音：LIHUN。

［成分］感情、子女和财产。

［性状］性偏苦，状无形。

［功能主治］怨偶。

［规格］一夫一妻。

［用法用量］心服，一次随量，一日 N 次（婚前、婚后、离婚前后服都可）。

［不良反应］可能造成恐婚症。

［禁忌］未成年人、独身人士禁用；妇女怀孕期、哺乳期或终止妊娠半年内，除经妇女同意或有特殊原因的外，男人禁用。

［注意事项］

1. 忌吵闹、打骂、家庭暴力。

2. 感情未破裂者不宜服用；不胜离婚之烦者慎服；对婚姻高度恐惶患者慎服。

3. 重婚、非婚同居等特性病患者应在法律专业人士指导下服用。

4. 如出现胸闷、胸痛或其他不适应及时去专门机构就诊。

5. 如病情加重应及时去法院就诊。

6. 本品含刺激性物质，服用后驾驶机（车、船）、从事高空作业、机械作业及操作精密仪器需特别注意。

7. 严格按用法用量使用，本品不宜长期适用。

8. 使用 2 年症状无缓解，应去法院咨询就诊。

9. 对婚姻过敏者禁用，对感情过敏体质者慎用。

10. 请将本品放在儿童不能接触的地方。

11. 如正在使用其他途径（如涉及故意伤害、虐待、重婚等刑事犯罪时），使用本品前请咨询专业律师。

［事物相互作用］如与其他事物（如重婚刑事自诉）同时使用可能会发生"先刑后民"相互作用，详情请咨询法官或律师。

［贮藏］为保护隐私，请密闭贮藏。

［包装］讲求真实，拒绝伪装。

［有效期］2011 年 7 月 1 日前。

［执行标准］《中华人民共和国婚姻法》及相关司法解释。

［批准文号］2001 年 4 月 28 日第 51 号中华人民共和国主席令

［生产企业］

企业名称：中华人民共和国公民家庭无限责任公司(开办人:法律学堂)

生产地址：广东省佛山市禅城区岭南大道北 80 号 905 室。

邮政编码：528000

电话号码：（0757）83031099

网址：http：//qzfywxt.blog.163.com（法律学堂）

QQ 群号：143558532

（如有问题可与生产企业联系，免费退货）

离婚诉讼流程图

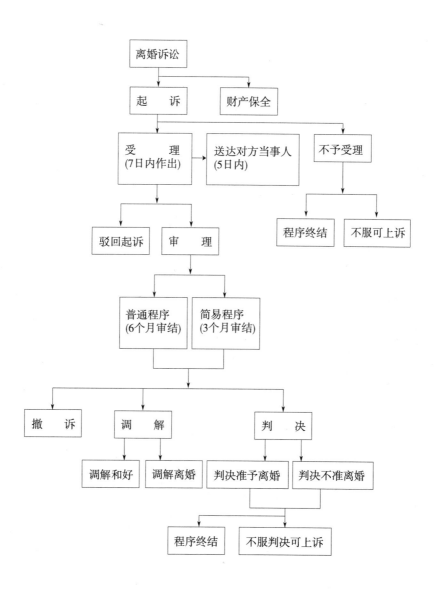

法说婚与姻

婚姻法是离婚法吗

可以对婚姻立法，但婚姻立法解决不了所有婚姻问题。

法律不外乎人情，人情便是社会常识。一个法律问题，都是人事问题，都是关于人干的事体的问题。所谓柴、米、油、盐、酱、醋、茶开门七件事，所谓吸烟、吃饭、饮酒的问题，所谓住房、耕田的问题，买卖、借贷的问题，结婚、生小孩的问题，死亡分配财产的问题，骂人、打人、杀伤人的问题，偷鸡、摸鸭子的问题，大至国家大事，小至孩童争吵，都是人干的事情。

这是法学大家燕树棠先生说的。

婚姻亦是如此。

婚姻是人类永恒的主题。婚姻中有说不完的是非，道不尽的恩怨。许多人从婚姻中享受到了幸福，也有不少人被婚姻折磨得死去活来。婚姻给不少人增添了奋斗的力量，使他们的人生成功；也有不少人的事业毁于婚姻，葬送在男女之情上。

男女双方情投意合、相敬相亲，同舟共济、皓首偕老，"在天愿作比翼鸟，在地愿为连理枝"，是千百年来人们对于婚姻家庭生活的美好憧憬和理想。因为恩爱和睦、幸福美满的家庭，是人生旅途的温馨驿站，是事业兴旺的坚强后盾和力量源泉。

但是，处于伟大的社会变革中的婚姻家庭生活中不可避免地出现一些新情况、新问题，甚至是一些困惑和烦恼，个人主义、享乐主义、拜金主

3

义的负面影响侵蚀着人们的思想，"包二奶"、婚外情等现象屡见不鲜……

在这个喜欢成名成家的社会里，我们发现人人都说婚姻是门学问，可是却从来没有人敢称自己为婚姻导师。因为婚姻不是你一个人说了算！更因为幸福的婚姻生活是不可复制的。

婚姻是两个人的奋斗，婚姻似乎与战争有不解之缘。

从古罗马的斯巴达克斯年代开始，每当战争和革命的硝烟散尽，人们渴望娶妻生子的愿望便油然而生。

1949 年新中国的成立，意味着我国多年战争时代的结束。城乡内外各类娶妻、休妻、退婚、再嫁等婚姻案件急剧增加，人民政府迫切需要制定一部新的婚姻法来规范。

而起草这部婚姻法典的重任就落在了曾经犯过"左"倾冒险主义路线错误的王明身上。

王明时任政务院法制委员会主任委员。法制委员会的主要工作，就是为中央人民政府起草各种法律和法规。王明是属于学院派的理论家，做事之前，先得引经据典，他要求法制委员会的工作人员必须很快熟悉这一方面的马列论著；同时，一条一条地审理中共在战争年代制定过的有关婚姻的法规和条例。这些都成为王明起草新中国婚姻法的基础。同时，也充分借鉴了苏联、东欧等社会主义国家的婚姻法资料。他还自己亲自翻译了《苏联婚姻、家庭和监护法典》。那一代人对法律的执著精神让我们今天想来都动容！但，那是很久远的事了！

1950 年 4 月 1 日，在中央人民政府第七次会议上，王明代表法制委员会向会议提交了《中华人民共和国婚姻法（草案）》，并作了"草案"起草经过和起草理由的报告。会议通过了这部 8 章 27 条的《婚姻法》。毛泽东随即发布中央政府主席令，《婚姻法》自 1950 年 5 月 1 日起在全国实行。

历经 41 稿，新中国第一部《婚姻法》诞生了！

毛泽东当时讲了一段非常经典的话："婚姻法是关系到千家万户、男女老少的切身利益，其普遍性仅次于宪法的国家根本大法之一。"

从那一天起，这部《婚姻法》在中国使用了 30 年，到 1980 年才开始修改。无论是 1980 年 9 月 10 日的修改、还是 2001 年 4 月 28 日的修改，

《婚姻法》的基本内容（婚姻自由、一夫一妻、男女平等、保护妇女和子女合法权益的基本原则）并无大的变化！

故有海外评论家称，这是毛泽东时代惟一的一部货真价实的法律。

我们应该记住王明对新中国法律事业的贡献，而不能因人废事。

1950 年《婚姻法》实施了，需要在全民中广泛普及。当然最好的方式就是找个"形象代言人"。这个代言人不是明星大腕，也不是高官贵妇，广东一个和木头人成婚的农家姑娘江秀清成了最佳人选。

1951 年，中南区土地改革展览会总馆在番禺市桥三八市场展出。其中有贫农江清秀被迫嫁"木头夫婿"的实物，打动了参观者的心。连乡地主婆林金意的儿子苏尚美，在 7 岁的时候就死了。可是林金意却偏偏要说她儿子成了"仙"，并自称"仙姑"，做了一个代表她儿子的木头人，胁迫水历村的一个 17 岁农民姑娘江清秀嫁给木头人做妾。可怜江清秀在她家，白天粗重劳动，晚上伴着木头人睡觉。好不容易熬过了 7 年。民间说，江清秀被迫"嫁鬼"，做了"鬼娘子"。共产党来了，她同贫苦大众一样得到了解放，自由恋爱，建立起幸福的新家庭。这正说明了"旧社会把人变成鬼，新社会使鬼变成了人。"❶

尽管《婚姻法》只有短短 51 个法条，与那些动辄 300 多个条文的重要法律相比容量差很多，尽管当下中国婚姻法学值得一看的教材少之又少，但现实生活中，婚姻关系确实是个难题。

对婚姻法，我们可以发现一个奇特的现象，那就是：案件之多、民众之关心与法学研究之不足、法律条文规定之粗疏并存，这导致现实中离婚案件绝少错案，因为"感情确已破裂"是个看不见摸不着的东西。

第一部婚姻法一用就是 30 年。

30 年过去，1950 年《婚姻法》的有些条文已经不能适应变化了的社会关系的新情况，在婚姻家庭领域内，面临着许多亟须解决的问题，例如，结婚年龄规定得偏低（男 20 岁，女 18 岁），允许五代以内旁系血亲

---

❶ 中共广州市番禺区委党史研究室编《中国共产党番禺历史大事记（1949 年 10 月～1978 年 12 月）》，中共党史出版社，2008 年 12 月第 1 版。

结婚的条件过宽等。

1980年9月10日，由五届全国人大第三次会议审议通过并于当天公布，自1981年1月1日起开始施行新的《婚姻法》。这是我国第二部《婚姻法》。

1980年修订的《婚姻法》将"实行计划生育"纳入了法制的轨道，并将结婚年龄定为"男不得早于22周岁，女不得早于20周岁"，规定"三代以内旁系血亲禁止结婚"，从而彻底废除了表兄弟姐妹之间的"中表婚"。

青梅竹马的一对表兄妹，同在南方打工时偷尝禁果。在双方父母的同意下，两人欲登记结婚。民政部门以"法律禁止近亲结婚，以保障其子孙后代健康"为由拒绝。女方做绝育手术后再去登记仍遭拒绝，2008年5月27日，两人向漯河市郾城区法院起诉婚姻登记部门。法院认为：我国《婚姻法》规定了直系血亲和三代以内的旁系血亲禁止结婚，该规定属于强制性规范，不允许随意变通适用；两原告是表兄妹关系，属于《婚姻法》规定的三代以内旁系血亲，应禁止结婚。即使原告做了绝育手术，仍应当适用《婚姻法》的有关规定，而不能变通法律。❶

许多网友认为民政部门不人道，人家都结扎了还不允许结婚？也有人从法律上分析民政部门的合法性。可谓"众人纷纭说不一"。

其实，根据现行《婚姻登记条例》中登记时需提交"与对方当事人没有直系血亲和三代以内旁系血亲关系的签字声明"的规定，也就是说，只要你不主动声明是近亲，事实上是没有人管的。难道这两个表兄表妹会傻到主动向婚姻登记机关说是自己近亲不可？我们村就有表兄妹结婚的好几对，而且还都生下了孩子，好在孩子都还正常。再说，你就是生个傻子也没有人管，因为婚姻是自己的事。我们为什么一定要将结婚与生育联系到一起呢！

时光飞逝，20年沧海桑田！

整个社会经济活动日益频繁，家庭财产迅速增加，而1980年《婚姻

---

❶ 2008年12月11日《农民日报》。

法》中对夫妻财产制的规定过于简单，缺乏对个人权利、经济利益的基本保障，修订势在必行。2001 年 4 月 28 日，第九届全国人大常委会第二十一次会议通过并颁布了修订后的《婚姻法》，即 2001 年《婚姻法》。

很多人以为婚姻法就是离婚法。不止一位朋友向我抱怨，我又不离婚，为什么要学习《婚姻法》？

我知道，大多数人都是"良民"，洁身自好，一辈子可能都不会与刑罚、行政处罚和毒品发生什么关系，所以这方面的法律知道一点就足够了。但作为一个公民，婚姻法却与我们每个人息息相关。因为每个人都要走进婚姻的城堡，结婚生子，为人父为人母，所以我们都在自觉不自觉地遵守着婚姻法的规定。

当然，有些朋友可能很不以为然，您这话是不是以偏概全，说大了点？我是独身主义者，是不是不受婚姻法的约束？

要恭喜这位较真的朋友，他有独立思维。但不好意思，你仍然受婚姻法约束，因为我们不能像孙悟空一样从石头缝隙中蹦出来，所以每个人都会有父母和亲朋，如果说我们有一天离开这个世界，还会多多少少遗有一定的财产，这就要发生继承关系，这些都要受婚姻法来调整。因为我们这部婚姻法正确的称呼应该是"婚姻家庭法"，它不只是调整婚姻关系，而且涉及家庭关系，关系到我们生活的方方面面。

2001 年《婚姻法修正草案》公开时，就有人建议将这部法的名称修改为"婚姻家庭法"，认为叫"婚姻法"容易误认为这部法律只调整夫妻关系，实际上该法"除调整夫妻关系以外，还调整家庭关系"。

有人则建议，法的名称不做修改。因为《婚姻法》调整的范围有广、狭两义。广义的婚姻法既调整婚姻关系，也调整家庭关系。特别是新中国成立后颁布的第一部法律就是《婚姻法》，在可改可不改的情况下，保留原有法的名称为好。当然，后者观点在论战中占了上风，这就是我们仍然叫"婚姻法"的原因。

2010 年适逢我国首部《婚姻法》颁布实施 60 周年，可惜官方没有大规模的纪念，而民间百姓似乎都忙碌于生活，没有对之进行大范围的总结。

离婚为什么

　　不可否认，60 年来的中国婚姻家庭随着社会的进步和发展而产生了巨大变化。婚姻关系的伦理性、社会性决定了婚姻纠纷的复杂性，特定时代的婚姻很容易受到社会经济、政治、文化等多种因素的影响。婚姻案件也不单是简单的法律诉讼，更深深镌刻着当时的历史文化背景和政治法律观念。

　　或许我这本书可以在一定程度上作为一部献给《婚姻法》60 周年的纪念品（民间版本）！

　　婚姻的根源是爱情，婚姻的表现是责任、忠诚和信任，要得到美满的婚姻，还是先精心地维护我们的爱情吧。

　　因为如尼采所说，"没有任何制度有可能建立在爱之上"，当法律面对爱情和家庭时，必须小心翼翼、异常谨慎，因为爱的世界是由激情、良知、伦理和道德统治的世界。

家家有本难念的经

有的是为感情，有的是为金钱！

家家有本难念的经/有的是没金钱呀/有的是没感情/无钱有感情/穷有穷开心/有钱没感情呀/富有富伤心/难得有钱又有情/有的是饱暖又思淫/把好好的家庭/搅得不太平/你若想过好光阴/做人不能不正经/别靠着有金钱啊/就伤了好感情。

这首《家家有本难念的经》相信许多人和我一样熟悉，因为确实"家家有本难念的经"。

2008年9月18日，时年44岁的北京大学副教授曾某因与岳父发生口角，将岳父推倒在地，导致老人肋骨骨折，被海淀区法院一审以故意伤害罪判处有期徒刑1年6个月。❶

能成为知名学府北京大学的副教授，相信曾某十年寒窗来之不易，因家务纠纷成罪并最终被判实刑（相对缓刑而言），让人一声叹息。

曾副教授的学业成绩是优秀的，但他的家庭生活并不完美。比他小3岁的太太是北京舞蹈学院的教员。2007年4月间曾副教授患有癌症需要手术。"但妻子对我不闻不问，既没有出过钱，也没有照顾，岳父岳母甚至还鼓动妻子和我离婚。因为岳父岳母一直住在家中，我的父母无法来京照顾"（曾副教授法庭上语）。双方的矛盾由此产生。

---

❶ 2010年6月22日《人民法院报》。

9

离婚为什么

　　夫妻是缘，有善缘有恶缘，无缘不聚。曾副教授真是不容易，身患重病又家庭不和，他有什么办法？

　　不知道是曾副教授自学成才还是他的律师指点有方，他竟然将妻子以遗弃罪起诉到法院。要知在我们这个国度，"屈死不见官"，打官司的曾副教授无异于捅马蜂窝，在本已紧张的夫妻关系上更是浇了一桶油。因为妻子是岳父母的女儿，你要把人家的女儿送到监狱里，如果换成我，我也不允许！何况岳父母与曾副教授就在一个单元里，同居一房的曾副教授自然就有好果子吃了。

　　按法院的认定，2008 年 9 月 18 日晨，曾副教授在自己家中因琐事与岳父发生口角，他把菜刀架在岳父身上进行恐吓被妻子劝阻。其岳父随后用扫帚打了曾副教授，曾副教授随即夺下扫帚，并用拳击打岳父胸部，将老人推倒在地，造成老人轻伤。而按曾副教授的供述，岳父用扫帚打他，在拉扯中他将岳父推倒在地，导致对方肋骨骨折。法院认定曾是故意伤害罪，而曾副教授辩解自己是过失伤害。

　　我们可以想象一下当时的情景。一个是青壮年（尽管身患癌症），一个是年近 7 旬的老人，证人分别是老人的夫人、女儿，有新闻中说曾副教授育有一子（女），但尚在幼年，自然没有作证能力。

　　这样的证据链条，从法律上认定谁是谁非，就是没有学过法律的人也知道。海瑞执法刚正不阿，在面临一些是非难以厘断的案件时，提出了如下的判决标准："凡讼之可疑者，以其屈兄，宁屈其弟；以其屈叔伯，宁屈其侄。以其屈贫民，宁屈富民；以其屈愚直，宁屈刁顽。事在争产业，以其屈小民，宁屈乡宦，以救弊也。事在争言貌，以其屈乡宦，宁屈小民，以存体也。"❶。

　　面对官司的曾副教授自然不能束手就擒。为求得对方谅解，他又撤回对妻子的遗弃罪起诉并给予岳父 4 万元民事赔偿。这样做的效果当然不能说一点也没有。"考虑到曾某一旦入狱对孩子的影响，他的老婆和岳父透露曾经原谅了曾某的行为，不要求追查他的刑事责任"（新闻报道中语）。

---

❶　《海瑞集》第 117 页。

但诸位需知故意伤害罪是公诉案件。当事人的意愿并不能直接决定检察院的公诉。更为可怕的是曾副教授在法庭上"我十分朴拙地悔悟，并对他（岳父）表达抱歉，但我不供认有罪，这是我的底线。"他的律师也因此作了无罪辩护。这无疑最终把曾副教授送进了监狱。

2010 年 2 月 8 日《最高人民法院关于贯彻宽严相济刑事政策的若干意见》第 23 条规定：被告人案发后对被害人积极进行赔偿，并认罪、悔罪的，依法可以作为酌定量刑情节予以考虑。因婚姻家庭等民间纠纷激化引发的犯罪，被害人及其家属对被告人表示谅解的，应当作为酌定量刑情节予以考虑。犯罪情节轻微，取得被害人谅解的，可以依法从宽处理，不需判处刑罚的，可以免予刑事处罚。由于曾副教授拒不认罪，不能适用缓刑或免予刑事处罚。而如果曾教授认罪的话，可能结果就不是这样。

事实上，发生在家庭之间的纠纷，有时亲朋好友的态度至关重要。

时年 22 岁的朱春玲（有一子 2 岁）是河南省新乡市原阳县桥北乡人，她与其婆婆因家务事矛盾至深。2006 年 9 月某日凌晨 1 时许，朱春玲手持菜刀悄悄溜到婆婆的房间，挥刀向婆婆的颈部连砍 40 余刀。杀人之后，朱春玲将血印擦去，把玉米扔到门外，伪造成偷玉米贼的杀人现场，企图蒙骗过关。2007 年 2 月，新乡中院一审判处其死刑，经河南省高院二审，维持原判，2008 年 5 月经最高人民法院核准，决定对其执行死刑。❶

1999 年 9 月《全国法院维护农村稳定刑事审判工作座谈会纪要》（实务界称"济南会议纪要"）中明确：对于因婚姻家庭、邻里纠纷等民间矛盾激化引发的故意杀人犯罪，适用死刑一定要十分慎重，应当与发生在社会上的严重危害社会治安的其他故意杀人犯罪案件有所区别。对于被害人一方有明显过错或对矛盾激化负有直接责任，或者被告人有法定从轻处罚情节的，一般不应判处死刑立即执行。

朱春玲这个案件能判决死刑立即执行吗？不能说不行，因为有一二审法院及最高院的复核证明了这一点。

但这确实是由家庭矛盾引发的，俗话说一个巴掌拍不响，也难说被害

---

❶ 2008 年 5 月 21 日《法制日报》。

离婚为什么

人（婆婆）没有一点责任。家务事，清官难断！我认为完全可以留她条命，因为：一是她婆婆已经死了，判决朱春玲死刑立即执行也挽不回她婆婆的生命；二是判处朱春玲死刑立即执行，等于这一家不长时间就少了两个人，这在农村是比较忌讳的；三是朱春玲的孩子还小，需要一个妈妈，哪怕这个妈妈是杀人犯，也是孩子的妈妈，孩子仍然需要，而如果执行了死刑，孩子就没有了亲妈妈。朱春玲1984年4月1日出生，19岁结婚，一年后有了孩子，这样算来，到2007年，孩子也不过4岁，孩子太小了；四是死刑判决中朱春玲的丈夫是起了积极作用的。因为被害人（婆婆）与被告人（儿媳）的特殊关系导致这种刑事案件和解难度加大，特别很大程度上取决于朱春玲丈夫的态度，或许这也是朱春玲最终被处死刑立即执行的主要原因。我国常说杀父之仇，夺妻之恨。妻子杀死了自己的母亲，做儿子的自然悲痛。人说一日夫妻百日恩，毕竟这个有过肌肤之亲的人（今日的杀人犯）是孩子的母亲。这种情况下，男人的选择，当然会影响法院的判决。我们不得不伤心地发现，这个男人选择了复仇。我对他这个选择打分：不及格。因为在我看来，逝者无以复生，惟有生者保重。当然，我也知道，这个男人生活在农村，如果他为杀死母亲的妻子求情，可能会落村里人耻笑："这个人有了媳妇忘了娘""怕婆子"！朱春玲已经死了，无可挽回！但我心很痛，尽管我与她没有任何关系。她是个杀人犯，可她更是个妈妈呵！对外人来说，判处死刑立即执行和死缓差别确实不大。但对孩子来说，就是有妈和无妈之差！有妈的孩子像块宝，没妈的孩子像根草！

要依法治家，更要依情治家。

2007年1月5日晚上6点左右，吉林省白城市某村农民杨立喝了半斤白酒，被父亲杨柏青责怪，二人厮打起来，杨柏青被打倒后当场死亡。事后，杨立将父亲的尸体抱到驴圈旁，编造了被驴踢死的谎言。2007年6月，白城市中级法院以杨立犯故意杀人罪一审判处其死刑。判决后，检察机关以量刑过重（这种理由罕见！！！）为由提起抗诉。吉林省高级法院再审，判处杨立死刑缓期二年执行。

因不服父亲批评教育而杀死父亲并伪造现场、嫁祸于驴，这样的孽子真是罪大恶极！但是该案特殊性在于被害人与被告人是父子关系，案件的社会危害和刑罚的影响更多地集中在被告（害）人家庭内。法官在走访被告人家属时，被告人的母亲和哥哥有"还是希望杨立能多活几年"的想法。如果判处杨立死刑立即执行，其父亲杨柏青也不能起死回生，杨家就因为一起案件失去两人，他的亲人自然不希望这样，因此，法律考虑了人性和亲情因素，对这个不孝不义之子亦法外施恩。

法律绝不是无情物，法官也绝对不是"吞进法律条文和法律事实，吐出正确判决"的自动售货机。

事实上，法律的温情后面隐藏着对人性的尊重。

当然法条后面更多的还有亲情！

婚姻如同开公司

结婚证就是营业执照。

中国古戏剧千百本，古人首推王实甫的元杂剧《西厢记》。王实甫一语"愿天下有情人终成眷属"作为千古不变的名言为痴情男女不烦地引用。

"结婚，你将为之后悔。不结婚，你也将为之后悔。结婚或不结婚，你还是将为之后悔。无论你结婚还是不结婚，你都将为之后悔——先生们，这是全部生活智慧的精髓所在。"丹麦哲学家和神学家克尔凯郭尔却这样告诉我们。

婚姻是个谜。

网上有段语录：千万不要因为自己已经到了结婚年龄而草率结婚。想结婚，就要找一个能和你心心相印、相辅相携的伴侣。不要因为放纵和游戏而恋爱，不要因为恋爱而影响工作和事业，更不要因一桩草率而失败的婚姻而使人生受阻。

话当然好说，但做起来不易。就我看来，"结婚如同开公司"，男女从相识到相恋，从相恋到携手走进围城，就像成立一家合资的婚姻公司，是盈是亏，全靠合伙人自身。这样的公司大体上有五个阶段。

一是项目可行性分析。从相恋到携手走进围城，就像成立一家合资的婚姻公司。公司设立前肯定要进行可行性分析，以免投资失误。而婚姻公司的这项工作以往由媒婆、红娘、父母或单位操办，当然也可以由男女双方自己执行。可行性分析借助多种方式，前期调研包括情书、QQ聊天、看电影、卡拉 OK、逛街、英雄救美直至同居试婚。分析报告内容涉及年龄、性格、品德、经济能力、有无债务以及公司投资规模和选址等。

二是婚姻公司的投资和注册资本。公司的开办双方在设立前肯定会扪心自问："我拿什么投资给你，我的爱人?!"投资或注册资本分有形和无形两种。男方投资一般表现为有形资产，如现金、房产、车辆等硬通货，当然也有诸如职位、门第、声望、社会地位等无形资产，如"他爸是李刚"，相信也会受许多女孩子青睐的。女方投资一般以无形资产为主如贞操、美貌、品德等。上海市人大代表、上海卫视《新老娘舅》和《一呼柏应》栏目知名嘉宾主持柏万青最近在节目中劝告未婚女青年要自尊自爱、不要过度放纵，她说："贞操是女孩给婆家最贵重的陪嫁!"此言一出，受到众多自称"非处"女人的网络围攻，也再次引发关于贞操的大争论。❶其实，柏万青的"贞操嫁妆论"就是要告诉未婚女青年本着对自己及对未来家庭负责的态度，审慎规划自己的未婚生活，似无大不妥。不过，随着妇女经济地位的提高，女方自带嫁妆等有形资产的情况也越来越普遍。

三是婚姻公司的设立。这个公司须根据《婚姻法》设立。公司章程一般以"为维护社会稳定，保障两性幸福，实现社会和人口可持续发展（增长），兹设立本公司……"开头。设立原则为"平等互利、相互尊重、安定团结"。公司注册地址：自有住宅、单位、父母家或者其他租赁房屋等（当然，不买房的前提是你能摆平丈母娘）。经婚姻登记机关审核后，便颁发婚姻公司的营业执照，这就标志着婚姻公司可以正式开业运行了。

四是婚姻公司的运作期。设立公司，是为了赚取利润。设立婚姻公司，一般来说会收获一个健康可爱的小宝宝，这是我们的事业接班人。另一方面，还会有资产的积累，如在婚后购置房产、汽车、股票等。因为夫妻在婚姻关系存续期间所得的下列财产，归夫妻共同所有：（1）工资、奖金；（2）生产、经营的收益；（3）知识产权的收益；（4）继承或赠与所得的财产（但《婚姻法》第18条第3项规定的除外）；（5）其他应当归共同

---

❶ 2011年3月3日《长江日报》。

所有的财产。夫妻对共同所有的财产，有平等的处理权。❶

　　日本福井县大野市针对年轻人的晚婚化和提高本县定居率而对在本市居住并且在本市举行结婚典礼的夫妻，补助婚礼费用的 20%。为了防止闪婚，扶助金的 40% 会在结婚 3 年后支付。每对新人的扶助金最高金额为 50 万日元（约合人民币 4 万元）。如果 3 年以内离婚的话，得不到剩下的 40%。日本其他县也有类似制度，但在我国像这种直接补贴婚礼费用的地方政府还很少见。❷

　　认定共同债务，一般来说就是以"夫妻关系存续期间"为标志，这就是说，夫妻的利益是捆绑在同一架战车上的，一荣俱荣，一损俱损。只要是夫妻关系存续期间得到的财产，都是夫妻共同财产。当然，有人可能认为自己是向别人借的钱，或者说是她个人婚前的私房钱所购置的不动产，应当认定是个人财产。这些理由在法律上都不能成立。因为你个人借的钱，是夫妻共同债务。你的私房钱，经过结婚这道工序，也转化成了夫妻共同财产，因为人民币不是不动产，不好特定化。所谓"男怕选错行，女怕嫁错郎"就是这个道理。

　　经营期间，婚姻公司要受法律约束，遵守道德规范，合伙人必须在法律和社会良俗许可的条件下经营。合伙人要把真诚、信任、理解和宽容等投入到婚姻公司中去。投入的优质资源越多，增值越快，收益越大。合伙人要忠贞专一、和平共处、互敬互爱，在法定的范围内经营，特别是要牢记"结发为夫妇，恩爱两不已""贫贱之交不可忘，糟糠之妻不下堂"的信念。这是中华民族传统美德的生动体现，也是维系夫妻感情的根本保证。

　　五是婚姻公司的解体及清算。有道是：伤心总是难免的，天下没有不散的宴席。除了生命终止引发的正常解散外，公司成立之日起即有解体之风险。遇以下情况公司可能解体：一是公司发生财政困难，所谓"夫妻本是同林鸟，大难来时各自飞"；二是公司挂牌后不经营，如夫妻之间无两

---

❶ 《婚姻法》第 17 条。
❷ 2011 年 3 月 4 日《新快报》。

性生活或长期两地分居；三是一方背着另一方到别处投资（包括资金或情感）。解体方式分为协议和诉讼两种。因此事属人民内部矛盾，尽量以协议方式解决为好，只用双方当事人到民政部门那儿用"结婚证"换"离婚证"即可。

婚姻和情感是两个领域的事情，法律是调整婚姻关系而不是调整男女情感的……今天的心爱之人，随着时光的流逝、审美的疲劳，明天可能变成漠然之人甚至切齿之人，情感的千变万化又岂是理智的法律所能左右呢？……感情没有了，婚姻解体了，起码在经济上还能得到一些保障吧，也许"婚姻契约"不失为聪明女性的明智选择。最高法院某法官的这段名言，表达了一种开始普遍流行的契约婚姻观："爱情归爱情，财产归财产"。

离婚时有个共同财产分割问题。对这种分割，法律是宽容的，你要个洗衣机，他要个笔记本电脑，你们自己去商量。这是你们的家务事。

当然，也不能只分财产，还有债务要负担呢。离婚时，原为夫妻共同生活所负的债务，应当共同偿还。共同财产不足清偿的，或财产归各自所有的，由双方协议清偿；协议不成时，由人民法院判决。❶

这就是说，夫妻债务要共同偿还。

公司到了资不抵债的情况就无法经营了，婚姻也是如此，那后果就只能是一个：离婚。

不要以为男人离婚就容易。当下的男人，有钱的不敢离婚，因为怕一半财产让女方分去；没钱的也不敢离婚，你都没有钱，经济基本决定权利调配，你在家中哪能有话语权？昔日的女子，有权有势有钱的当然不把老"爷"们放在眼中，没钱没势没权的更不把老"爷"们放在眼里。"嫁汉嫁汉穿衣吃饭"。你都不能让女人生活得鲜亮，这已经是你的大错了，还敢提离婚？所以，当下的男人们都在怀念从前，怀念万恶"旧社会"的美好时光。"旧社会"？对呀，虽然"旧社会"穷，但男人说了算！可惜青山遮不住，毕竟东流去。

离婚，可不是容易的事儿。要不，何劳我用一本书来说明？

---

❶ 《婚姻法》第 41 条。

婚姻与正义无关

爱恨情仇皆无理由。

2010 年 3 月 1 日的媒体，以"网民曝"模式披露了广西来宾市烟草专卖局局长韩某的"性爱日记"。短短一天时间，烟草局长"性爱日记"事件便闹得满城风雨，全国皆知。不但男主角资料被搜个底朝天，连日记提到的女主角照片也被"人肉"出来！其势头毫不逊色于当年香港的"艳照门"！

其实，性爱日记并不新鲜。网络曝光、舆论发酵、媒体跟进、权力机关跟进的"网民曝"模式已经为公众所知悉并在广泛实践。已揭露的如"周老虎事件""躲猫猫事件""俯卧撑事件"等，周久耕、董锋、林嘉祥……这些原本不为人知的姓名，也因网友的"青睐"而"名扬天下"。不过今天又多了一个倒霉蛋"韩某"而已，他最终如网民所愿走进了监狱的大门。

性爱日记以"醉了""射了"为要点，切合了网络反腐的主题，又有人人喜欢的花边八卦，自然得到诸多网络的偏好及网民的点击。但如果理性分析，韩某有罪，但是否就应受此样侮辱？更为可怕的是连累了几名日记中的女主角，她们或为人母或为人女，即使与韩某发生了婚外性关系，就该受此万民詈骂之耻辱吗？她们的亲人更是无辜的，在我们这个本无隐私传统、更兼人人喜欢"小广播"的国度，可以相信她们一定是生活在水深火热中。这真是城门失火，殃及池鱼。作为法律人，我实在不愿意这种网络暴力的出现。该事件将我们当前的法律意识低下暴露无遗。

1. 日记是公民隐私，贪官日记亦不例外

日记记的是什么？是自己的所思所想。按马克思观点，这种惩罚思想而不是惩罚行为的法律实际上是"恐怖主义的法律"，"是对非法行为的公开认可"。而真正的法律，其调整对象只能是人的外在行为。马克思写道："我只是由于表现自己，只是由于踏入现实的领域，我才进入受立法者支配的范围。对于法律来说，除了我的行为之外，我是根本不存在的。"

上了点年纪的人都知道建国初期的"胡风反革命集团"冤案。伟大领袖为了拿胡风开刀，做了手脚：命令公安部门突击搜查胡风及其所有亲友、学生的家室，以及与胡风有过往来的作家、艺术家们的私人信件、私人日记本，来作为胡风反革命集团的罪证。在其中，许多当日和今天听来都赫赫有名的人做了一些见不得人的勾当。

就这样的"正义事业"，最终产生了严重恶果，"文革"中的人人不信任，夫妻相互揭发。

今天的年青一代已经不知道十二月党人。它们是法国人，英国人，还是德国人？他们是什么时代的人？

"十二月党人"是一批俄国贵族革命家，他们因为在 1825 年 12 月发动反对沙皇独裁统治的武装起义而得名，但起义很快由于寡不敌众惨遭镇压。轰轰烈烈的起义虽然失败了，但是抛弃了财产地位、家庭妻儿、一心为俄国劳苦大众谋幸福的十二月党人从此被俄国人民视为心目中的英雄。十二月党人起义失败后，沙皇尼古拉一世命令他们的妻子与罪犯丈夫断绝关系，为此他还专门修改了不准贵族离婚的法律：只要哪一位贵妇提出离婚，法院立即给予批准。出人意料的是，绝大多数十二月党人的妻子坚决要求随同丈夫一起流放西伯利亚！尼古拉一世答应了她们的要求。但紧接着又颁布了一项紧急法令，对她们作出了限制：凡愿意跟随丈夫流放西伯利亚的妻子，将不得携带子女，不得再返回家乡城市，并永久取消贵族特权。这一法令的颁行，无异于釜底抽薪，这就意味着：这些端庄、雍容、高贵的女性将永远离开金碧辉煌的宫殿，离开襁褓中的孩子和亲人，告别昔日的富足与优裕！但几乎所有的十二月党人的妻子、情人都不肯与十二月党人离婚、分手，她们义无反顾地选择了与自己的丈夫、情人一道前往遥远的蛮荒之地西伯利亚服苦役。"生死契阔，与子相悦；执子之手，与子偕老。"真挚情感从来就是这样的质朴。十二月党人妻子中最后辞世的亚历山大拉·伊万诺芙娜·达夫多娃说过一段话："诗人们把我们赞颂成女英雄。我们哪是什么女英雄，我们只是去找我们的丈夫罢了……"

身为法律界人，江平先生可谓"天下无人不识君"。中国法学界泰斗、被誉为"中国法学界良心"的他在1957年27岁时被划为右派，接着感情甚笃的新婚才一个月的妻子，迫于政治压力与之离婚。更令他不能接受的是，没过多少天，她又结婚了。"我正被过去的恩爱所折磨，她却表现得如此无情无义。"2010年江平在他的口述史《沉浮与枯荣：八十自述》中如此感慨。让人读来心痛不已。中国存在十二月党人那样的妻子吗？

有人认为官员是公众人物，其隐私权利受限，其日记自然不能视为隐私。但工作日志和私人日记在法律衡量上应当有所区别，相信是不争的事实。性爱日记是工作日志吗？

2. 夫妻之间有隐私

夫妻之间，古代称闺中私事，说的就是隐私，不宜公之于众。古代有张敞画眉。说张敞的老婆小时候曾经摔过跤，伤到眉骨，长大后眉毛有一块总是长不出来，所以每天都要很仔细地画眉。张敞夫妻必定很是恩爱，因为他经常帮他老婆画眉。透过各种渠道，他给老婆画眉的事情和细节，就慢慢流传出去，成了人人皆知的"秘密"和谈资。在汹涌的传言之下，皇帝对张敞展开了调查，问他：第一，艳事是否真的；第二，是否知错。作为官员的张敞迅速作出反应，发表了一个声明，基本表达了如下几个意思："艳事事件是真的，是我自己干的。这件事是闺房内私事，不算什么。夫妻间的事情比画眉更'下流'的还有的是呢，且人人都干。"此即"闺中之乐，有甚于画眉者"的来源，古代人尚尊重夫妻之私，为何今日为了让贪官身败名裂不惜连累妻子的名声？夫妻之间，古代称闺中私事，说的就是这事儿是隐私，不宜公之于众。

但今天，夫妻的闺房变成了公共的客厅。在中央电视台体育频道正式改名为"奥运频道"的新闻发布会现场，原北京电视台著名主持人胡紫薇女士突然冲上主席台，从中央电视台体育频道新闻部副主任、著名主持人张斌手里抢过麦克风，公开发表了一段大约1分半钟的演讲。这段演讲的大意是指责张斌在婚外"和另外一名女性保持不正当关系"。由于这是一次意义非常重大的新闻发布会，而且现场有众多中外记者，现场实况录像视屏很快在网络流传，境外媒体在第一时间进行了相关报道。对此，网上议论颇多，我比较认同张斌所说：我们（夫妻）俩的事，没有必要让总理知道。据说，两夫妻事后竟然和好如初！演艺圈子里的事真让我们普通人看不懂！但无论如何，必须承认，这种夫妻间的公开指责是很伤感情的。

3. 婚姻讲求自由，而不是正义

我国1950年《婚姻法》就已贯彻当时世界上较先进的"破裂主义"的离婚原则，规定"男女一方坚决要求离婚的，经区人民政府和司法机关调解无效时，亦准予离婚"。但事实上，以一方有过错为离婚原因的司法思维却长期存在。20世纪70年代末由"遇罗锦离婚案"引起的关于婚姻是以政治、物质条件还是以爱情为基础，以及离婚标准究竟应该是"理由论"还是"感情论"的社会大讨论和学术争鸣，实际上就是这一观点在个案中的爆发。

遇罗锦是因一篇《出身论》而受极刑的烈士遇罗克的妹妹。在"文革"结束后不久，她发表了报告文学《一个冬天的童话》，详实记录了她的家庭、经历和婚恋，甚至大胆地写了她的婚外情，引起强烈反响。

遇罗锦的第一次婚姻，是和一个在东北插队的北京知青结婚，她全家的户口得以从贫困地区迁到东北。婚后生有一子，后两人感情破裂离婚。遇罗锦到北京后，在最倒霉的时候与工人蔡钟培结婚，顺便解决了自己的户口问题。由于两人之间的巨大差异，1980年5月，遇罗锦以"没有感情"为由向北京市朝阳区人民法院起诉，要求与丈夫蔡钟培离婚。

朝阳区法院做出了离婚判决。判决书说："十年浩劫使原告人遭受政治迫害，仅为有个栖身之处，两人即草率结婚，显见这种婚姻并非爱情的结合。婚后，原被告人又没有建立起夫妻感情，这对双方都是一种牢笼。"判决宣告之后，蔡钟培不服，向北京市中级人民法院提出了上诉。

案件尚在审理期间，两家发行量超过百万份的杂志公开组织了遇罗锦离婚案的大讨论。婚姻是以政治、物质条件还是以爱情为基础？离婚标准究竟应该是"理由论"还是"感情论"？尽管有部分人倾向于支持遇罗锦，但是当时的主流舆论还是一边倒地谴责遇罗锦，指责她利用婚姻做跳板，实现自己的功利目的。《人民日报》甚至刊登消息称遇罗锦是一个行为不检点的女人。此后北京中院裁定，原审事实不清，决定撤销原判，发回重新审判。

朝阳区法院在《人民司法》1981 年第 12 期发表《审理遇罗锦诉蔡钟培离婚案的经验教训》一文中说：重审抓住了案件的焦点——离婚的真实原因，并在查明事实的基础上分清了是非，经过调解达成了离婚的协议。当事人双方和他们的代理人都在协议书上签了字。协议书确认"遇罗锦与蔡钟培于 1977 年 7 月 8 日恋爱结婚，婚后夫妻感情融洽和睦，后由于遇罗锦自身条件的变化、第三者插足、见异思迁，因此使夫妻感情破裂。本院受理后判决双方离婚，因事实审查失误，经蔡钟培上诉后，北京市中级人民法院以事实不清裁定发回，本院重新审理。现蔡钟培亦坚决要与遇罗锦离婚，遇罗锦仍持原要求离婚意见。经本院审理中调解，双方达成协议，自愿离婚。"

《审理遇罗锦诉蔡钟培离婚案的经验教训》一文同时指出："按照一审的判决，遇、蔡的结婚和离婚，责任在双方，是草率结婚的结果。这是不符合事实的。重审查明，遇罗锦自己也承认，遇同蔡的结婚是'自由恋爱'，并非草率，婚后'感情融洽和睦'，并非'没有建立起夫妻感情'。遇之所以提出离婚，完全是因为自身条件的变化，喜新厌旧思想的发展，第三者插足的结果。遇罗锦由于作风上的不检点，与第三者的关系失去控制，加速了与蔡钟培感情的破裂。"可以明显看出，当时的法院认为，遇罗锦在离婚案中负有不可推卸的道德责任。

正如 1980 年婚姻法修改草案说明中所说："我们不能用法律来强行维护已经破裂的婚姻关系，使当事人长期痛苦，甚至使矛盾激化，造成人命案件，对社会、对家庭、对当事人都没有好处"。离婚不是罪，怎么能惩罚？在这个意义上，有婚外性行为的人亦是如此。

4. 婚姻不是人身依附关系

我们古人讲"嫁汉嫁汉，穿衣吃饭""女子谓嫁曰归"，其意都在强调女子对男子的人身依赖，亦即男子对女子的一种身份占有。这无疑与男女平等是相悖的。

宋朝的西门庆跟潘金莲通奸，武大郎捉奸，按当时法律他完全可以把西门庆跟潘金莲当场都打死，一点法律责任都不用负。可惜，他"三寸丁谷树皮"，力不如人。在私力救济盛行的时代，拳头大的有理是通行规则。

跟《金瓶梅》几乎同时诞生的一部伟大小说叫《醒世姻缘传》，里面描写了一个丈夫因妻子与人通奸而杀了奸夫淫妇，不但不被惩罚，反而受表彰的案件。因为在古代无论是官还是民的观念中，都把"妻子"视为丈夫的私人财产，丈夫的财产不经主人同意被人占用，当然可以"家法伺候"。可怕的是，这种传统在今天还有一定的市场，那就是捉奸。为此，引出了多少悲惨的案件，相信读者自可查知。

"性爱日记"事件无非是一种借助网络的"拳头较量"，这是法治社会所最为忌讳的。为什么一定要在婚姻私事上搞得沸沸扬扬，累及无辜呢？我不赞成这个热"闹"事件。当然，我无意于反对反腐败，不过反腐败还要按法依规。如果不按法依规，在网络暴力下，人人都可能是受害者。

离婚是私事吗

　　婚姻是件私密的事儿，离婚亦是。

　　　你见，或者不见我

　　　我就在那里

　　　不悲不喜

　　　你念，或者不念我

　　　情就在那里

　　　不来不去

　　　你爱，或者不爱我

　　　爱就在那里

　　　不增不减

　　　你跟，或者不跟我

　　　我的手就在你手里

　　　不舍不弃

　　　来我的怀里

　　　或者

　　　让我住进你的心里

　　　默然 相爱

　　　寂静 欢喜

　　随着 2011 年贺岁大片《非诚勿扰 2》的上映，仓央嘉措的诗打动了许多人。因为它契合了许多人心目中的情感模式。

但生活毕竟不是诗歌与小说。

身为微博大王的影视演员姚晨和凌潇肃 7 年的婚姻画上了句号。自 2011 年 1 月 28 日那一纸手写的离婚声明在微博上刊出，有多少粉丝唏嘘感叹：我们还能相信爱情吗？网友们纷纷为这段郎才女貌的绝配组合、模范夫妇的婚姻表示惋惜。随后凌潇肃在微博上向网友道歉："我真不希望大家就因此而对婚姻绝望，我们其实都是对生活非常严肃认真的人，只是我们属于太特殊的人群，是走在钢丝上的人，而你们是站在平地上的人，相对要安全很多。总之很歉意给大家添堵了！"

这起公共事件，让人实在搞不明白，离婚是私事还是公事？

我们当然可以说，影视明星是公众人物，他们的离婚自然会受到粉丝们关注。那换成普通人呢？听说你身边的朋友、同事离婚了，你是不是也有窥探心理？他/她为什么会离婚？到底是谁的责任？是通过什么途径（民政/法院）离婚的？

我们当然可以将之理解为关心，但对本来与我们"八竿子打不着"的人离婚，似乎我们也关注，尽管他们不是明星，也与我们没有任何关系，他们为什么会离婚？是谁的责任？他们的孩子谁管？这个社会离婚的人为什么这么多？于是乎，我们这个社会似乎得了一种离婚恐惧放大症。

从法理上讲，婚姻法是私法（与公法相对）。它没有对完成结婚行为以及多年的模范夫妻提供精神上的奖励和物质上的激励，因为它不是社会法；而且也缺乏对离异以及多次离异夫妇的批评或者说惩罚，因为婚姻法也不同于刑法。以近亲结婚为例，《婚姻法》的态度只是对当事人的"婚姻"结合不予承认，并没有通过惩罚或奖励来对近亲鸳鸯进行打击或引导的程序设计。

谈及婚姻的私密性，不能不提到我们的婚姻登记（包括结婚登记和离婚登记），它是婚姻登记机关依法确立或者终止当事人之间婚姻关系的具体行政行为。从性质上讲，婚姻登记属于行政确认行为，即行政机关依照法定程序和要求认定某一事实或法律关系存在或不存在的一种行为，其目的在于依法确认当事人之间是否存在婚姻关系。当事人办理结婚登记并领取结婚证，即意味着他们之间的婚姻关系得到了法律的认可和保护，其他人必须承认并尊重他们的婚姻关系。当事人办理离婚登记并领取离婚证，即意味着他们的婚姻关系已经终止，他们之间不再存在夫妻权利义务关系。我们说婚姻登记是一种行政确认行为，是因为法律明确规定了公民享有婚姻自由权，公民可以自主决定结婚还是不结婚，也可以自主决定维持或者终止婚姻关系，而不需要由行政机关来赋予这种权利。在婚姻登记中，行政机关的职责只不过是对当事人行使婚姻自由权的合法性及其结果进行审查确认。婚姻登记既不可能附期限，也不可能附条件；婚姻登记机关也无权对当事人婚姻登记之后的行为进行监督检查。

2003年8月，国务院颁布《婚姻登记条例》，对婚姻登记体制作了重大改革，取消了由单位出具未婚证明的原有规定，结婚改由当事人作无配偶签字声明。这一制度改革，让公民完成了从单位人到社会人的转化，摆脱了原来计划经济体制下单位对员工婚姻的干涉。这当然是好事，因为婚姻本来是男女双方的私事，与单位并无关系。原来因必须出具结婚介绍信所带来的乱摊派、乱收费等弊端一扫而光。但凡事有利总有弊，由于我国民众对"声明"这一仪式的信仰缺失，特别是由于我们目前尚没有实现全国范围的婚姻登记联网，这给了一些心怀"一妻一妾"的"齐人"以可乘之机。简单搜索，会发现自2003年以来因提供假证明而导致的虚假婚姻登记案件并非个案。尽管民政部门也研究和采取了一些相关的预防、提醒措施，但收效甚微。因为"热恋中的男女无头脑"。正在卿卿我我、谈婚论嫁中的男女，对别人的提醒充耳不闻，甚至会反感。我们只能提醒那些热恋中的男女，婚姻大事，还是要更慎重一些。

事实也并非如此简单，婚姻关系虽然是男女双方利益的结合，但在这种结合中有着对集体、对社会的责任。

虽然1950年《婚姻法》把婚姻问题纳入"私事"中，但在1953年以后，婚姻实际上被当做"公事"，把基层组织对婚姻的干预正当化，而且直至20世纪80年代初期个人的诉讼道路实际上被封闭了。

1953年9月6日的《人民日报》更是对资本主义社会和社会主义社会的爱情的不同之处进行了分析：资本主义的爱情很大程度上由金钱和美

貌来左右，而在社会主义社会爱情是夫妻共同生活的伴侣，个人的爱情要和事业及国家的利益结合起来考虑。

为了让人们长久地保持爱情和对孩子及配偶担负起责任，《人民日报》报道了为了他人而生活的女性典型：1954年，为了祖国而失去了双目的军人从前线归来了。他原先的恋人因他双目失明而委婉地拒绝了求婚。后来，在乡政府的说服下俩人虽然结了婚，但夫妻关系并不融洽，最终还是离了婚。离婚后的残废军人在面临困境时，一位女子出于同情而和他结了婚。❶

我们看到，国家开始在必要的场合公权开始积极地干预私域。人们就连离婚这样小小的权利也不能获得。

组织安排曾是盛行的婚恋方式，比如给风华正茂的女青年安排历经沧桑的革命英雄。这种安排，爱情明显被忽略了，"先结婚后恋爱"——组织为你安排了最好的生活方式。离婚亦是如此。

1953年3月16日的《人民日报》曾经批评道：各地在处理婚姻事件时，常常有这样的情形：如果当事人没有村政府的介绍信，事情就得不到人民司法机关的及时、合理的处理；甚至没有村或镇的介绍信，区人民政府或人民司法机关，就再往村里推。好像人民要打官司就必须先经过村政府的允许似的。这种做法，是毫无法律依据的，但无形中又好似成为一种不成文的法。这样，就使得好多人民内部的纠纷，不能及时地得到合理解决；也就是人民的诉讼权利，凭空地遭受了限制甚至被剥夺。这一来，常常把一个案件，推上推下，拖延很久而不能解决。不少当事人曾为此叫苦，抱怨"审级"太多。就在这种情形之下，产生了某些村干部操纵诉讼的现象，以致有的当事人说"反正跑不出他们（村干部）的手心儿去"。也就在这种情形之下，更便利于某些人干涉人家的婚姻自由。他们一面喊出了"好女不出村"的口号，一面更滥用职权，首选使当事的妇女在诉讼上就不能出村。

但事实上批评归批评，离婚难仍然存在。

---

❶ 1958年11月5日《人民日报》。

离婚为什么

直到 1980 年，《婚姻法》才将感情观念正式纳入法律文本。正如武新宇（全国人民代表大会常务委员会法制委员会副主任）所解释的："（婚姻法）草案在原来的'调解无效，应准予离婚'条文上加了'如感情确已破裂'这个条件"。

在改革的大气候下，修订《婚姻法》的部分目的是增加自由度。武新宇告诫说："我们反对那种对婚姻关系采取轻率态度和喜新厌旧的资产阶级思想。但是，我们也不能用法律来强行维护已经破裂的婚姻关系，使当事人长期痛苦，甚至矛盾激化，造成人命案件。"他同时认为："多年来，法院在处理婚姻案件时掌握偏严"。

武新宇的根据可以见于许多案例。显然，有许多无可救药的婚姻由于法院系统过度热衷于达成调解和好而长期拖延。事实上，改善夫妻感情常常是一件法院越权做的事。

2001 年《婚姻法》修改中许多人提出，婚姻法律关系属于民事法律关系，属于"私法"的范畴，国家干预的面可以窄一些，力度可以弱一些，应该将民法的基本原则贯穿在婚姻立法之中，而不是更多地作出行政管理的规定。有关道德规范，在《婚姻法》中只能通过倡导性的提法作出规定。

但我们看到，《婚姻法》的管理色彩并未有根本改变。因为从某种意义上讲，婚姻也很难完全说它是"私事"，毕竟关系到社会稳定。

在时下的中国，把婚姻以及与家庭生活相关的事情当做私事的人不断增加，它体现了人们希望把家庭和婚姻从"公域"中解脱出来的意愿，期待着这个脚步越来越大。

婚姻就是你和我的事，离婚也是我和你的事。

离婚要听孩子的话吗

结婚与否是个人自由，离婚与否亦是如此。

一张结婚证，带来的是法律上的稳固关系和现实责任。法律不应当怕麻烦，即使有人上午结婚，下午离婚，符合条件的都应当笑脸相迎，热情办理相关手续。因为《婚姻法》已经规定了适婚年龄，男满22周岁，女满20周岁。这个岁数的男女青年都早已成人，是完全民事行为能力人，已经具有了独立承担责任的能力。男女双方要为自己的行为负责，不管是结婚，还是离婚。这种"合""散"的选择自由，与国家无关！

理虽然是这个理，但做起来就不这么简单。

作为法律职业人，看多了男女恋人卿卿我我中的物我两忘，也见多了夫妻离异中的财产和子女大战。为了钱财之争，原来恩爱的夫妻各施手段，可谓五花八门；为了子女的抚养，双方更是剑拔弩张，更有些人将子女当成了击中对方要害的利器，而占有子女的一方则将子女当成对付对方的"金钟罩"，置子女的利益于罔顾。可以说，人性之丑恶在这类案件中表现得淋漓尽致，倒是人性的美善无迹可寻。

婚姻应该是这样的吗？

2006年"六一"儿童节前，成都某小学向全校千余名学生展开了一项"我的'六一'心愿"调查，让全校所有老师震惊的是——有217名学生的最大心愿是：爸爸妈妈，不要离婚！"今天是'六一'儿童节，爸爸妈妈，我什么礼物都不要，只希望你们不要再吵架了！为了我，不要离婚

离婚为什么

好吗？无论谁，我都离不开！"小学五年级一班阳阳的日记本，工工整整的字里行间记录着孩子的"心语"。班主任刘老师告诉记者，他们班上就有1/3的孩子父母离异，"最受伤、最无辜的还是这些什么也不懂、又最需要父母疼爱的孩子！""我们班的学生父母离婚现象更严重，几乎占到2/3。"班主任钟老师说，这些孩子平日跟着爷爷奶奶过，受父母离异的打击和隔代监护的隔阂，在心灵上或多或少都留有阴影。❶

看来，这个学校的孩子家长都是有离婚偏好的，无论是三分之一还是三分之二，都远远超过了我们得出的千分之六的平均离婚率。当然，既然是平均数，我们应当允许在局部地区出现峰值。

从报纸的观点看，父母离婚前要和孩子说一声，相信这也是许多家长的不二选择。

《民法通则》规定，10周岁以上的未成年人是限制民事行为能力人，可以进行与他的年龄、智力相适应的民事活动。10周岁以上未成年子女已有一定的识别能力，随父生活还是随母生活幸福，只有未成年子女自己最清楚，这依赖于其内心感受。子女应当有权利选择自己认为较幸福的家庭，而只有给予未成年子女充分的选择权，他们才有获得快乐生活的法律保障。因此，我国法律规定在处理离婚案件中，应征求10周岁以上未成年子女的意见，目的是让未成年子女在今后的生活中健康成长，更加幸福。

关于未成年子女的抚养纠纷，1993年11月《最高人民法院关于人民法院审理离婚案件处理子女抚养问题的若干具体意见》第3条第1款规定，对2周岁以上未成年的子女，父方和母方均要求随其生活的，已做绝育手术或因其他原因丧失生育能力的，可优先考虑。第5条规定，父母双方对10周岁以上的未成年子女随父或随母生活发生争执的，应考虑该子女的意见。

如果一个案件出现了前述两种情形的冲突，便存有应优先适用哪种情形的问题。

---

❶ 《"六一"心愿：爸爸妈妈不要离婚》，载2006年6月2日《中国青年报》。

原告杨某与被告龙某（女）于 1995 年 3 月 28 日结婚，并于当年和 1998 年生育两个孩子，龙某做了绝育手术。杨某 2007 年两次诉请离婚，第一次被调解和好，第二次被判决不准离婚。2008 年 5 月杨某第三次诉请离婚，杨某与龙某对离婚无异议，但在孩子抚养上有争议。庭审中，经征询两个孩子的意见，他们均要求随父杨某生活；经征询杨某意见，杨某自愿抚养两个孩子，不要求龙某支付抚养费。龙某则以自己已做绝育手术为由，要求法院优先考虑其中一个孩子跟随其生活。法院最终支持了两个孩子的意见，判决他们随杨某生活。

相对于父母而言，未成年子女处于一种弱势地位，虽然保护父母完整的抚养权固然重要，但保护未成年子女合法权益，保障未成年子女健康成长更为重要。10 周岁以上未成年子女选择跟随父或母生活应当是一种无条件的权利，不能将其视为无足轻重的所谓"意见"。在离婚案件中，对子女跟随父或母生活发生争执时，法官应当优先考虑未成年子女的健康成长问题，尤其是其身心健康，然后再考虑父母意愿，才符合法之精神。

离婚中不但有夫妻双方争夺子女的，还有以子女为筹码的呢！一直不明白，当爱已成往事时，难道不能理智地说声再见？特别是对有子女的离异者来言，自己对前一段婚姻的态度肯定会影响孩子的成长。为了孩子，我们大人应该作出什么样的人生选择呢？

1995 年三水的林女士与丈夫离婚，2 岁的儿子由其抚养，丈夫支付抚养费 300 元/月。2002 年，经法庭判决其丈夫应承担儿子医疗费、教育费的一半。2010 年 1 月 26 日，已经 17 岁的儿子向三水法院申请执行，要求父亲支付从 2008 年至 2010 年的各种费用，包括生活费 7 200 元、医疗费 3 618.2 元、教育费 56 470 元。❶

仅仅两年工夫，一个十多岁的孩子花了将近 14 万元，难怪大城市里的白领高叫"生不起（孩子），养不起"了。

林女士的前夫目前"赋闲在家无收入来源，要赡养父母和再婚所生的儿子"，自然无能力支付如此高的款项。儿子则坚持"法院判决我爸凭据

---

❶　2010 年 10 月 20 日《佛山日报》。

负担我一半的教育费、医疗费至我 18 周岁止，如今我尚未满十八，而且学费亦有单有据，他应该履行抚养义务"。

明眼人都能看到，这对父子的矛盾其实是前夫前妻的矛盾。林女士能够支付儿子如此高额度的教育等费用，相信其自身经济状况不差（因为上述费用是已付费用）。这也更证明官司本身是为了争一口气。

最终连法院都看不下去了。法院查明，林女士未经前夫同意，就将小亮送到了华南师范大学附属中学南海实验高级中学中法班，该学校每年学费 42 000 元。另外的 18 760 元是按小亮中考成绩适用第四档次收费，即赞助费。除了学费外，教育费还包括 1 950 元的旅游费、15 280 元赴法交流学习费、3 840 元新东方培训费、2 620 元法语培训费、1 600 元购买卡西欧产品等支出。

这种民办名校的高价赞助费是不是属于婚姻法上的教育费范畴，在司法实践中历来有分歧。一般说来，法院出于孩子利益保护的考量，往往予以支持。但这种支持往往是对另一方的不公平。因为尽管夫妻离异了，但对子女仍然有抚养、教育等监护职责，对这种重大事项的选择（舍弃公立学校而选择民办名校、赴法国学习考察、新东方培训等）、高数额的重大支出，都应该"有话好好说，事先要商量"。而一方自作主张明显是对另一方的不尊重，说严重点是对对方监护责任的剥夺。

一个 17 岁的儿子在老妈的支持下两次与老爸公堂相见，这无疑是人间的大悲哀，因为亲情已经成为了金钱的奴隶。

感情是什么？感情是人类最纯真、最宝贵的情感。

那么，大人在离婚之前，应该怎么样对孩子说呢？

这个我实在说不好。

实在不行，就向孩子道个歉吧，"孩子，对不起，爸爸妈妈离婚，给你添麻烦了！"

不喜欢咨询

尽管是本关于离婚的书，但您别忘记：尽信书不若无书。

本书作者靠自己这些年在网上连吹带扯的"表扬与自我表扬相结合"，总算是也有了点小名气。名气是一种虚荣心的满足。于是每天一上网，打开信箱总有几封法律咨询的信件，上了QQ就有人"向王法官请教一个法律问题"，要求加为好友，更有水平还高一点的人，能通过种种方式搜索到我的电话来请教问题。问题还是以婚姻家庭类为多，因为这关系到每个人的切身利益。面对这些陌生的、来自不同地域、或许是再三踌躇而最终鼓起勇气才能联系成功的这份沉甸甸信任，我总是左右为难。

我的QQ信息中有说明：以法律为业，但非律师，因水平有限，除因您本人及近亲属个人切身利益外，拒绝咨询。我自己建了个QQ群，群公告里面更是明确写明"拒绝法律咨询"。无论是群内朋友还是其他网友都很奇怪，为什么要"拒绝法律咨询"？

为什么呢？因为法律咨询是一种技术活，正确的解答能够帮助人，错误的解答只能害人不浅。

一者我们每个人能力有限。我们每个人（包括法律专家）对法律知识也是只懂一点，甚至是皮毛，面对来自问询的诸多方面的问题，我也是老虎啃天——无处下牙，更不用说提供有效的帮助了。我实话实说了，许多人认为我是保守，是不是不给钱就不提供咨询？这当然是无稽之谈，但让我对不熟悉的问题进行信口开河式的解答，这不是我性格。我们每个人只

33

能对自己所研究的法律懂一点而不是全部，相信大多数法律人都同意我的观点。在法学界有所谓"槽"之说，你只是这个槽里的驴子就不能跨越自己的专业到另一个槽里吃草。所谓"刑事民事商事行政执行"通吃的法律人可能有，但我不是，估计你也不是！

一位 28 岁的未婚妈妈在生下小孩后，同居男友却失踪了。她只有男友的手机号码（已停机）和老家电话，连他老家的地址都不知道在哪里。她一次次地咨询我，"你说我可以告他强奸吗？""我这种情况能得到赔偿吗？"我只能告诉她，按照法律，这样的情况小孩只能得到一些抚养费，女方得不到赔偿，至于不负责的男方，很难说构成刑事犯罪，这只能是道德谴责的对象。于是这位未婚妈妈一次又一次地谴责男人（包括我，因为我也是男性），谴责法律的不公平。但她惟独没有想到自己婚恋中的不慎，而这，恰恰是造成后果的主要原因。遇到这种咨询该怎么答复呢？要不你来回答她？

二者我们的法律职业要求我们必须谨言慎行。我从前是一名法官，我对许多的咨询人一再提醒、一再告知，这只能是我个人作为一名法学爱好者的建议，但许多人却把我的身份与他的案件承办人身份对应起来，认为全国的法官都应该有共同的认识，这自然是大错特错了。我们法官在审理时就一个案件，合议庭三个成员之间也往往存在分歧，有时需要争吵半天。为何？认识不同而已。当然，合议制要求少数服从多数，但一定是两个人的意见就正确于一个人吗？这答案不说自明。法律职业要求我们必须谨言慎行，所以很难给出你明确的答案（详见本书具体篇目）。

三者许多人咨询涉及证据和事实问题。我们知道，法官断案是依证据说话，这个证据是靠外在表现然后综合印证的。许多咨询人出于自觉或不自觉，往往只是以个人感受说事，难以告知真实证据。在婚姻类案件中更有人为了保护自己的隐私，不愿意讲真实情况，或遮遮掩掩，让你费劲猜。因此也就更难以得出正确的判定依据。因此，有时我单凭当事人自己一方的陈述就给出法律建议往往是不完全正确甚至根本就是错误的。

四者许多咨询问题涉及法律的"命门"。随着法律的普及，许多人提出的问题相当专业，而且事实上涉及了法律理论的根本性问题。如重婚为何认定难、二奶的权益为什么要（不能）保护、同居关系对与错等问题，这都不是一两句话能说清的，而且涉及法律和立法的本质层面，也是我力所不逮的。

常看我文章的人都知道，我是法条主义者，我愿意通过自己对法条的理解对一个案件进行评析，其他如论文、公文之类都不是我擅长，也不是我喜欢的。所以我难以给出令您满意的结论。

时下，有些法官写判决书时都没有时间看看法律的具体规定，只是凭印象或经验写上那几条；一些法律权威（专家）张口就是如何如何，如果与法相悖，只能说是法律规定不合理，应按照他老人家的意见修改。

其实，法律不是嘲笑的对象，而是法学研究的对象：法律不应受裁判，而应是裁判的准则。法律必须被信仰，否则它将形同虚设。既然信仰法律，就不要随意批评法律，不要随意主张修改法律，而应当对法律进行合理的解释，将"不理想"的法律条文解释为理想的法律规定。对于法学家如此，对于裁判者更如此。❶

五者许多咨询没法解答。如有人问"老公包二奶，怎么办？"之类，这种问题其实不只是法律问题，更是社会问题。如果你不能容忍他，你自身经济能独立，你就离婚，别无良方；更有人问离婚中孩子的抚养问题，这个可能是法官自由裁断的，因为你不亲历审判，就不知道事实，解答也就没有意义。

我知道，许多咨询人的迫切心情，因为这种心情我也曾经有过。我也不想让大家焦急等待，我也是个普通人，我深深知道遇到问题的无助和无奈。

但我却最终让你失望，这不是我和我们这样的人所希望的。不是不耐烦。作为法律人，我实在没有时间听那些陈芝麻烂谷子的事。因为我们看重的是法律关系，不是那些陈年往事。你总不能把别人当成下水道，把你的委屈强行往别人心里灌吧？

我当然知道，受伤的心灵需要呵护，受伤的心情需要慰藉，但能够

---

❶　张明楷著《刑法格言的展开》，法律出版社 1999 年版，第 3 页。

施予这些东西者绝对不是我。无论是时间、精力和能力，都不是我所称职的。如果让我推荐一个人，我推荐大慈大悲的观世音菩萨。

现在，我们讲求法治，并一厢情愿地要求"事事有法可依"，但法律不可能也不应该占领所有的时间和空间。法律无法约束纯精神的道德世界。法律也无法约束封闭式的或意思自治的私人领域。家是"风能进，雨能进，国王不能进"的私领地。

路透社曾经播发过一则花边新闻：住在德国亚琛市的一对夫妇，过去几个月一直分床而睡，期间没有行周公之礼。某晚，44 岁的妻子突然忍无可忍，叫醒已经熟睡的丈夫，要求他满足自己的"需要"，但被大她一岁的丈夫一口拒绝。夫妇俩随即吵了起来，妻子致电报警。警方发言人对这起"棘手案件"啼笑皆非："警员没法子向那位先生下命令，要他'略尽绵力'。案件中也没有人犯法，我们只能替那位女士备案。"

法律于夫妻恩爱是如此，于夫妻离异亦差不多。

我当然很忙碌。其实与其说忙，不如说是怕对不起您的厚爱，怕辜负您的厚望。我希望给朋友们以帮助，但更怕自己不经意的失误给朋友造成麻烦，以至于最终失去朋友的信任，那就会更让你失望。

所以，我们多一些理解，或许您就少一些失望。

离婚请不请律师

请与不请，由你！

我想打离婚，要不要聘请律师？经常有咨询者这样问。

我总是告诉他/她，视你自己的具体情况而定。如果你们夫妻之间法律关系简单，家庭资产较少，双方对离婚、子女抚养和财产分割并无大的分歧，特别是如果你的经济条件较差，不请也罢。反之，如果你有巨额财产需要分配，特别是你的个人经济实力强，我就建议你一定聘请律师。因为律师在法律方面会比你更专业一些。

有人对此很不解，你这不成了看人下菜吗？这与你们法律人所主张的"法律面前人人平等"是相违背的。

确实有点不平等，但这不平等不是我决定的，是法律说的。

我们知道，我国法律没有强制律师/当事人出庭制度。一般情况下，民事案件的当事人委托诉讼代理人代为出庭诉讼的，本人可以不出庭，但离婚案件除外。

为什么单单离婚案件例外啊？

因为离婚案件的核心问题是确认双方当事人感情是否确已破裂，是否已经具备解除婚姻关系的条件，因此双方当事人都必须出庭，以便法院正确判断，也便于法院进行调解。《民事诉讼法》第 62 条规定：离婚案件有诉讼代理人的，本人除不能表达意志的以外，仍应出庭；确因特殊情况无法出庭的，必须向人民法院提交书面意见。该法第 129 条规定：原告经传

离婚为什么

票传唤，无正当理由拒不到庭的，或者未经许可中途退庭的，可以按撤诉处理。

虽然"打官司，请律师"已路人皆知，但打离婚官司，律师能在其间起到多大作用呢？

对法院而言，离婚案件有一套法律适用的规则，再优秀的律师，有时也不能改变这个规则。比如，对于第一次起诉离婚的当事人，如果没有《婚姻法》第32条规定的情形（重婚或有配偶者与他人同居的；实施家庭暴力或虐待、遗弃家庭成员的；有赌博、吸毒等恶习屡教不改的；因感情不和分居满二年的；其他导致夫妻感情破裂的情形；一方被宣告失踪，另一方提出离婚诉讼的），法院基本上是不会判离的，用法院的说法叫"给个机会"。

当您手捧法院不准离婚的判决书，想起交给律师几千、几万元的律师代理费，心里那是啥滋味！律师自己可能也会觉得"受人钱财"，没能"替人消灾"。

那么，哪些情况下要请律师呢？

一是有经济实力的。不论案件大小，不论争议财产多少，也不论案件是否复杂，聘请律师总比不请的好。在自己实力及心理承受范围之内，请一个自己满意的律师，能帮自己分析案件，在开庭时说几句话。律师是法律之师，受人之托忠人之事，大多数情况下还是有用的。

二是法律关系复杂的。一般当事人在起诉离婚前，往往经历了一个较为漫长的自我斗争的过程，也一般会经历一个没有效果的谈判过程。也有的当事人虽然没有和对方直接谈过离婚，但也会经历一个耗费时日的心理反复过程。打离婚官司，想获取一个对自己好的结果，不是吃了秤砣铁了离婚的决心就能完成离婚的准备的。夫妻感情破裂以及过错的取证，夫妻共同财产是否存在具体项目，是不是需要律师先行和对方调解争取和平解决，这些离婚技巧都需要大量的诉前准备工作。另外我国民事诉讼实行的是"民不告官不究"的"不告不理"原则，如果你自己不提出要求，法官是不会主动提出的。

三是法律适用疑难的。有些离婚案件，虽然案情简单，但法律适用复杂，对于争议的处理法律没有规定，相关司法解释也不甚明确，不同的法律人有不同的观点，甚至理论界也有争议。这时，需要请专业婚姻律师来相助。

四是取证困难的。打民事官司某种意义上也是打证据。在家庭财产、婚外情、家庭暴力等方面，取证都有一定的难度。这些财产上哪儿查？什么算是隐匿转移财产？什么样的证据才能证明有婚外情？用什么方式取证才是有效的？录音证据法院能认可吗？这些问题，既需要法律知识，也需要实务经验。请个律师，可以事半功倍。

当然，如果您决定请律师，我建议你一定要聘请正规律师，谨防黑律师。

什么是黑律师？我给不出明确的概念。我在老家工作时，有一些学过法律的人往往对当事人就是以律师身份自居，行内人称"二律师"。老百姓哪能懂那个一二呀？听人家说是律师就是律师，而且这些人自称与法院的某个领导、庭长特别是承办法官都很熟悉，往往喜欢向当事人揭秘某某法官的一件私密小事，以示两人关系不一般。一个普通的对法律并不懂的人，怎么能经得住这样的连哄带吓，当然要乖乖地束手就擒，从交钱开始，到受骗为终。

2009 年，我老家表妹遭遇婚变，要求离婚。这无论如何需要从事法律的我帮忙。说实话，我非常不愿意，但我又不得不帮忙，因为我们每个人不可能没有亲情。突然，有一天表妹发短信给我，说已经找好律师，准备起诉。我曾在法院工作过多年，知道请律师的重要性，因为如果请得不好，律师会拿着你的钱帮对方说话。我急忙打电话给表妹，问她律师叫何名？收费多少？有无签订委托代理合同？表妹一问三不知。

因为律师是她的朋友介绍的。没有说钱的事，只是说给他 1 000 元立案费，另外给 1 000 元请法官吃饭。

我暗叫不好，"肯定是黑律师"。果不其然，等表妹报来姓名，正巧，我在这家法院有位校友，一打听，校友说，"那人，哈哈哈，你知道的"。我在基层法院混了 12 年，当然知道了。

请神容易送神难，他拿着我表妹的结婚证，竟然拒绝她更换代理人，除非给5 000元宴请法官等前期费用。这已经近乎讹诈了。还是我，让表妹以"到司法局投诉、到公安局报警"为手段才最终解决。饶是如此，仍被他强行勒索1 000元。一个农村人赚1 000元容易吗？这样的人真是混账！

许多遇到官司麻烦的朋友上过假律师的当，可谓"屋漏偏逢连阴雨"。也经常有人问怎么识别真假律师，依我个人之见，似乎可从以下几个方面区分：

一要看名片。一般律师与当事人见面，往往会送上一张名片，对律师来说，这既是业务营销的需要，也是身份的证明。因为我们中国人不太喜欢"赤裸裸"地直接查看律师证等证件。而假律师往往会口吐莲花，吹嘘他的功绩，但就是不给你名片。

二要看名片上的记录。一般来说，正规律师的名片上就是写明律师事务所名称和名字还有自己的联系方式。当然，有些律师的名片上会有一大堆头衔，例如中国律师协会会员、广东省律师协会会员之类，这是真的，因为只要从事律师工作的，就当然是（也必须是）该协会的会员。还有一些会长、理事之类，这些你可以看一看，但不要太迷信。律师是靠业务水平来说话的，而不是靠忽悠。看一个人，名片上职务、身份越少可能水平就越高。例如，你见过真正的大学者名片上有那些花里胡哨的东西吗？所以，您一定别迷信名片。

另外，名片上有个必备项目，那就是律师执业证号。当然，如果你是懂网络的，可以在网上键入这个律师的名字加上律师作为关键词，正规的律师就应该有信息可供查询。因为每年司法部门都要在媒体上对年检律师情况进行公告的。

三要看见面地点。尽管正规律师事务所也可能会和您在餐馆、酒吧、宾馆等地方见面，但他们一般会在律师事务所办公室进行一些重要业务活动，如签署律师代理合同、收费等，而假律师更多是在上述非正规场所。

四是听律师谈话。正规律师为了招徕业务，也可能会夸大一下自己的能力。但我一定要告诉你，如果这个律师刑事、民事、经济、行政等案件无不通晓，那我就可以肯定地告诉你，他的水平可能真要怀疑一下。理由倒也简单，现在法律复杂，通吃天下的律师是不存在的。

五要听律师所作的许诺。真正的律师往往会告诉你，他将"受人之托忠人之事"，但他绝对不敢给你保票，说官司一定赢。因为这种行为是律师法和律师职业道德所严格禁止的。

六要看合同。一般来说，正规律师与当事人之间是要签署打印的标准合同，而且真律师会容许你仔细阅读合同，甚至对收费以及代理事项等方面进行详尽解释，防止您产生歧义。而假律师，往往不会和你签署合同，即便是有合同，也往往催促你签字，不允许你仔细阅读。

七要看收费。正规律师往往会向您说明他收费依据的文件和标准。如果您认为过高，他也可能会降低收费标准，但不会差别过大。另外，更重要的是，正规律师可能会用白条收取你的费用，但他一定会尽快用正式收据来换回您的白条，因为司法行政机关和律师协会对律师/律师事务所的白条私下收费处罚是相当严厉的。

八要看私下交往。正规的律师绝对不喜欢接受当事人的吃喝玩乐宴请，更不用说怂恿甚至要挟当事人宴请了。理由倒也简单，真正的律师也是从法学院出来，律师是法律之师，正义之师。而天天歌舞升平、醉生梦死不是法律人的选择。

九要看和法官的关系。正规律师也可能也会向当事人或明或暗地显摆和某法院、某法官的关系，但有一点，正规律师绝对不会怂恿当事人去给法官送礼，更不用说收受当事人的钱代为向法官送礼。理由很简单，因为在我国行贿 5 000 元就构成犯罪，而一旦成了罪犯，就必须开除出律师队伍。而对学法律的大多数人来说，你除了会法律还能干什么？

十要看对案件的分析。正规律师往往和当事人说明案件的真实情况，绝对不会为了胜诉而怂恿或者教授当事人造假证。理由更简单，因为这样做是违法、甚至犯罪的。

就这十点，一般就能把真律师从假律师中区分出来。

你可睁大了眼睛，一定要请个真律师，因为假律师不但会让您浪费钱财，可能还会雇佣个潜伏的奸细，帮着对方说话，让您权益受损。

"捉奸"是一种恶

"捉奸"如走钢丝，一不小心就侵权。

打离婚官司是要讲证据的，"捉贼见赃、捉奸见双"，没有证据官司就难赢。当年，包公断秦氏状告陈驸马案也是"驸马不必巧言讲，现有凭据在公堂"。《婚姻法》第32条、第46条都将"重婚或有配偶者与他人同居的"定为离婚条件之一（既非必要亦非充分），更是无过错方赔偿请求权行使的条件之一（充分）。可以说，如果秦氏在今天打这桩婚姻官司，也是完全会胜诉的。

但是，我们不得不面对的现实是：宋朝的包公在审理民事案件中既是"法官"又是"检察官"，他负责收集陈氏悔婚的证据，而生活在当下法治社会的女子，就要全靠自己的力量了。

这可不是个好活，因为现代社会讲求人权，讲究公民隐私，而"捉奸"这活就如同走钢丝，一旦平衡技巧掌握不到位，就有"侵权"之嫌疑。

成都32岁的李小姐专门坐飞机从成都飞到深圳来捉奸，结果因侵犯隐私和打人被拘10日。❶ 在婚姻中，既然一方有"婚外情"，在考虑离婚时，另一方出于心理平衡，必然想方设法取得对方"不忠""有奸情"的证据，以求在离婚时，得到心理的慰藉及财产分割权益的最大化。根据现

---

❶ 2007年6月12日《南方都市报》。

行法律，以侵害他人合法权益或者违反法律禁止性规定的方法取得的证据不能作为认定案件事实的依据，因此，一般来说，偷拍偷录行为是不违法的（《最高人民法院关于民事诉讼证据的若干规定》第68条）。因此，证据收集是否合法，限制在是否侵犯了他人合法权益或者违反了法律的禁止性规定上。像该案中，如果李女士能够掌握一些基本法律技巧，可能就不会落得个有理反被拘的困境。一句话，现代社会你可以不犯法，但不懂法律真不行呵！

当然，李女士虽然违法了，但她毕竟还是取得了一些有利证据，尽管法院不一定会采信，但由于法官可以根据"生活经验法则"综合印证相关证据，估计薄情郎还是要付出代价的。这或许是悲剧中带给我们的一丝安慰之处！

2006年2月24日，海南省海口市发生这样一件事：妻子跑到别人家里和异性幽会，守在门口却无法进门的丈夫只好求助警方协助捉奸，警方赶到现场后也束手无策，认为不是执法范围。丈夫痛心发问：这种道德败坏的行为就没人能管吗？❶此事引起了各界的关注。不过，我个人倒认同警方的做法，因为公权力不宜过多介入私人空间。

不过在古代，"捉奸"可是法律鼓励的事。

跟《金瓶梅》几乎同时诞生的另一部伟大小说，叫《醒世姻缘传》。里面描写了一个叫晁源的恶霸地主，是个大阔少、大流氓，因为他父亲做官，无人敢管。后来他老爹死了，他回到家里守丧。那时守丧得披批麻戴孝三年，他守丧的山庄里面有个小皮匠叫小鸦儿，娶妻唐氏，小夫妻俩租了晁源家的房子。天性风流的晁源跟经不住诱惑的唐氏勾搭成奸。小鸦儿察觉了，也不声张。一天假意说要到姐姐家给姐姐过生日，夜间却溜回家中，见晁源和唐氏睡在一起，上去就用皮刀割了唐氏脑袋，怕晁源死得不明白，把晁源摇醒，晁源连忙求饶"银子要一万两也有！"当然银子换不来性命！小鸦儿拿了两人人头，上了县衙。那时候衙门口看热闹的闲人可不少。一听这事，都夸奖"小鸦儿是个英雄豪杰！"县官查明事实，当堂

---

❶ 2006年2月26日《江南时报》。

离婚为什么

"断十两银子与小鸦儿为娶妻之用"。

　　杀了两条人命，不但不被惩罚，反而受表彰！因为在古代无论是官还是民的观念中，都把"妻子"视为丈夫的私人财产，丈夫的财产不经主人同意被人占用，当然可以"家法伺候"。

　　"捉奸"这一恶习仍然存在。

　　因为妻子与他人的不正当关系，自觉受到侮辱的丈夫伙同他人，将奸夫劫持至旅馆并索要了 25 000 元洗白费，结果被法院判刑十年。● 读这样的新闻，总是让人伤心。明明是被侮辱被欺凌的、受人同情的弱者，但由于维权行为不当，反而受到了法律的惩罚。十年，人生有几个十年？另一方面，霸占人妻（当然也可能是你情我愿的通奸）的恶人不但没受惩罚，反而其财产和人身权利受到了法律的保护。所以我们不主张"捉奸"。

　　网络时代，"捉奸"方式也有了创新和发展。

　　法国判决离婚的其中一个条件是有通奸的证据。但实际生活中以配偶不忠为由申请离婚，找证据旷日费时。法国最高法院认定手机短信和电子邮件一样都可当做民事法庭的呈堂证物，诉请离婚。于是有人惊呼，在法国搞外遇最好别发电子邮件或是短信留下证据。●

　　美国婚姻律师学会的会长摩西斯说："离婚过程通常会招致双方对彼此更严重的监视。如果你在社交网站上公开发布了一些与自己此前承诺不符的话语，已经与你疏离的配偶一定会第一时间注意到这种矛盾之处，并将之作为离婚案件中的证据。"美国婚姻律师学会最近的一项调查表明，著名社交网站"脸谱"已经成为婚姻破坏者，美国五分之一的离婚案件与其有关。调查还显示，"脸谱"已成为所有离婚案件中最主要的婚外情取证来源，将来源"脸谱"的信息资料作为证据的离婚案律师占总数的66%，其次是 MySpace，引用该网站资料的律师占总数 15%，"推特"微博排在第三位，占 5%。有网友甚至戏称，社交网站是"婚姻杀手"，称"脸谱"为"撕破脸"。我们看到，社交网站兴起确实给现代人的婚姻带来

● 2010 年 1 月 20 日《佛山日报》。
● 2009 年 8 月 26 日中新网。

了新的考验，人们需要付出更多的努力来进行个人婚姻危机管理。与网上红颜知己的暧昧谈话被网友辗转公开，成为压垮他婚姻的最后一根稻草。"珍爱婚姻，远离网络"，有过来人如此警示后人。不过，婚姻的维系，说到底还是更高层面上的道德问题、更大范围的社会问题。

2010年9月8日晨，女画家"赵庭景美"从外面回家时，发现丈夫和一个女人裸睡在自家床上，盛怒之下，便将整个过程，包括她看到的现场情况、她与丈夫及那个"小三"争吵的内容，有名有姓地全部放在了自己的微博上。也就是说，女画家不仅向公众活灵活现地描写了当时的情景，绘声绘色地直播了捉奸的整个过程，还将两个在微博上几乎等于真名的网名一并公之于众。

这种自曝隐私自然也是源于"捉奸"的理论基础：即夫妻的忠诚义务，"你是我的人，如同我的物一样，被人霸占了，我当然要抢回来"。

但婚姻是私事，不是公共消费。

北京市民王菲与死者姜岩系夫妻关系，于2006年2月22日登记结婚。2007年12月29日晚，姜岩从24层跳楼自杀身亡。姜岩生前在网络上注册了名为"北飞的候鸟"的个人博客，将王菲与案外女性东某的合影照片贴在博客中，认为二人有不正当两性关系，自己的婚姻很失败。张乐奕系姜岩大学同学。得知姜岩死亡后，张乐奕于2008年1月11日注册了名称与姜岩博客名称相同的网站。在首页，张乐奕介绍是"祭奠姜岩和为姜岩讨回公道的地方"。许多网民认为王菲的"婚外情"行为是促使姜岩自杀的原因之一；一些网民在参与评论的同时，在天涯网等网站上发起对王菲的"人肉搜索"，使王菲的姓名、工作单位、家庭住址等详细个人信息逐渐被披露；一些网民在网络上对王菲进行指名道姓地谩骂；更有部分网民到王菲和其父母住处进行骚扰，在王家门口墙壁上刷写、张贴"无良王家""逼死贤妻""血债血偿"等标语。王菲不堪纷扰，将张乐奕诉诸法院，审理中，王菲承认与东某确实曾有"婚外情"。但法院仍判决被告张乐奕赔偿原告王菲精神损害抚慰金5 000元。

这说明法院对"捉奸"是不支持的。

但我不知道，还有多少"捉奸"悲剧会上演？

胶着情与感

离婚的理由

离婚需要理由吗？为什么不需要？

北京市民"80后"女孩小丽是一名白领，有着不错的收入。她的丈夫小强也是"80后"，同样收入不低。两人结婚后，生活无忧，却经常为了做饭、刷碗闹别扭。两人每天都要争论由谁来做饭、谁来刷碗。后来，小两口做了约定，一人负责做饭，另一人就负责刷碗，两人轮着做。岂料小丽为应付家务活有着自己的"妙招"。一天晚上，轮到小丽负责刷碗。小强下班回到家，准备做晚饭。这时，妻子小丽竟然告诉他，自己已经定了外卖，这样她就不用刷碗了。更让小强受不了的是，他认为洗衣服的家务活应该由妻子小丽来做，可是小丽每周都会把家里的一大堆衣服送到干洗店干洗，其中还有夫妻俩的内衣内裤。小丽每次在干洗店洗衣服要花费1 000多元。两人结婚仅一年小强就忍无可忍，将妻子诉至丰台区法院，要求判决双方离婚。在庭审时，丈夫小强对法官说："她（指妻子）太懒了。您想不到她有多懒，她怎么能把内衣内裤送去干洗呢！"最终丰台法院在调解无效的情况下判决二人离婚，夫妻共同财产平分。❶

这对夫妻就因为干洗内衣的小事引发了感情危机，最终离婚。这引发我们的疑问，离婚需要理由吗？

我们一般都认为离婚是需要理由的。

---

❶ 2011年2月1日《北京晨报》。

离婚为什么

即便是协议离婚，本来不需要理由，我们俩不想"过家家"了，就像小孩子一样，我不和你玩了，理由？这就是理由！当然，你不能霸道到"3Q 大战"（腾讯与 360）的地步，非要让消费者在"360"和"QQ"之间作出一个艰难的决定，你"QQ"和"360"之间的过节，干我消费者何事？

但离婚毕竟不是"过家家"。婚姻登记机关总得审查一下。你说我们夫妻感情很好，那审查员就会犯迷糊了，"既然感情很好，干吗要离婚？"这样的理由是绝对通不过审查的。

也就是说，夫妻离婚必须给出个理由。当然，理由也是现成的，那就是"感情不和"。可以说，"感情不和"是个筐，什么理由都可往里装。我们知道，在现代离婚的主要法律要件是"夫妻感情破裂"，在古代则是"七出"（也称七去、七弃）。

"七出"是法律、礼制和习俗中规定夫妻离婚时所要具备的七种条件，当妻子符合其中一种条件时，丈夫及其家族便可以要求休妻，即离婚。

《唐律》明确规定了"七出""三不去"制度。清末 1909 年参照西方法律所颁行的《大清现行刑律》中，仍完整保留了"七出"的相关规定，一直到 1930 年国民政府颁行民法亲属篇，关于离婚的规定才真正明显脱离了传统的"七出"观念。就我看来，"七出"在今天也难说不是离婚的理由，因为这"七出"的事由完全可能影响夫妻感情。不信？你听我一一道来。

其一是无子。妻子生不出儿子来，理由是"绝世"，在传统中国，家族的延续被认为是婚姻最重要的目的，因此妻子无法生出儿子便使得这段婚姻失去意义。《唐律》规定：妻年五十以上无子，听立庶以长。《唐律疏议》据此认为"四十九以下无子，未合出之"。其实，因为当时"一夫一妻多妾制"的传统，真正以无子的原因而休妻的情形并不多。在今天，尽管有所谓"双收入无孩子"的丁克（DINK）家庭，但仍有许多夫妻以对方无生育能力为由提出离婚。

明代抗倭名将戚继光 18 岁时娶妻"万户南溪王将军栋女"王氏。王氏可非寻常女人，曾在台州唱了一回"空城计"，声名远播。但王氏也有七出之罪，那就是不育。戚继光瞒着王氏于36岁、37岁、48岁分别娶妾沈氏、陈氏、杨氏，先后生祚国、安国、昌国、报国、兴国五子。因戚继光娶妾前未获"组织"批准，消息传到王氏耳朵里时，已经"木已成舟"。想来戚将军也真不容易，竟然瞒骗达12年之久。王氏恨戚继光"纳三姬、举五子"，"日操白刃，愿得少保而甘心"。王氏的妒劲儿可真像她的武功一样强大。

其二是淫。万恶淫为首。妻子与丈夫之外的男性发生性关系，是"乱族"。淫乱会造成妻所生子女来路或辈分不明，造成家族血缘的混乱，特别是当时又没有DNA等先进鉴定方式，因此保持血脉一统的重任只能系于女性的贞洁上。即便在今天，有多少夫妻因为忠贞问题走上公堂，相信我不举例你也知道。

其三是不事舅姑。在中国漫长的封建社会里，父母之命、媒妁之言，一向是婚姻的基本原则。稍有违规越矩的思想，即被批为大逆不道。《诗经·齐风·南山》里有一句话："娶妻如之何？必告父母。"包办婚姻这一状况一直延续到20世纪初。到新中国成立之初的1950年，有统计说全国包办婚姻约占婚姻总数的90%以上。既然婚姻是父母大人说了算，那妻子不孝顺丈夫父母是大罪过。在旧中国传统中，女性出嫁之后，丈夫父母的重要性更胜过自身父母。"洞房昨夜停红烛，待晓堂前拜舅姑。妆罢低声问夫婿，画眉深浅入时无？"这是赴京参加公务员考试的朱庆余考生在试前写的一首七绝：《近试上张水部送张籍》。表面上是写新娘子问老公自己打扮是不是得体，实际上是作者问自己符不符合官场的潮流。可见，古代人很重视父母的态度。"三日入厨下，洗手做羹汤。未谙姑食性，先遣小姑尝。"这是唐朝著名诗人王建《新嫁娘词三首》之三。你看在古代给人家当个媳妇容易吗？今天为人妻者应该庆幸！《后汉书》中"广汉姜诗妻者，同郡庞盛之女也。诗事母至孝，妻奉顺尤笃。母好饮江水，水去舍六七里，妻常溯流而汲。后值风，不时得还，母渴，诗责而遣之。"就因为挑水遇大风偶尔回来晚了些竟然被休，古代的媳妇地位可见一斑。在今天，你娶个媳妇，与父母不睦，可以分居另住，但处于夹心层的丈夫也可够作难的。时间久了，当然也会影响夫妻感情。

離婚为什么

　　其四是口舌，即妻子太多话或说别人闲话。这是"离亲"。多话被认为有离间家族和睦的可能。国人熟知的文学名篇《孔雀东南飞》中"十三能织素，十四学裁衣，十五弹箜篌，十六诵诗书"的庐江府小吏焦仲卿妻刘氏被休，其婆婆给出的理由是"此妇无礼节，举动自专由。吾意久怀忿，汝岂得自由"，或许是因说话多而惹火烧身。古代女性没有说话的自由啊。当然在今天，你碰上个多言的妻子也会耳根不清静，可够你受用一辈子的。

　　其五是盗窃。妻子偷夫家的东西，这是"反义"，即不合乎应守的规矩。有夫妻吵架，妻子大骂丈夫是"贪污走私犯"。丈夫不明白，妻子解释说，"你将夫妻共同财产设私房钱是贪污；把小金库里的钱偷偷送给自己的父母，就是走私。"原来这么一个"贪污走私犯"！我们看到，那些嫁入豪门的人，其家人往往很少与豪门走动，一则是门不当户不对，没有共同语言；另一方面，就是女方家属为了避嫌，怕误认为是家里人占便宜。因为这种事很容易伤及夫妻大义。

　　2011 年 3 月 28 日在广东省档案馆举行的《广东省民间档案珍藏汇展》上，清朝光绪年间的"一纸休书"惹来众多关注的目光。这张清朝光绪年间"休书"，底色朱红，右方两个大黑圆圈中写着"休书"二字，正文则用隽秀的楷体黑字书写。休书内容为："郝门任氏原籍河南省泗水县柴家村二甲人，光绪十四年因遭天祸自身逃难来到山西，举目无亲，经邻说合嫁入郝门，圆房之后只生二女。去年四月十九日偶遇原籍老乡，得知老家父母病重，非要回家省亲，岂料回来之后一改昔日面目，整天走动串西招惹闲言蜚语，今日又把家中财物盗出不知送往何处，为此特书休书，自即日起逐出郝门，日后任其自便，郝门上下均不询问，立字存照。立休书人：郝建文。"这位妇女名义上被休的理由是盗窃，其实"圆房之后只生二女"可能才是这位妇女被休的最主要理由。

　　其六是妒忌。理由是"乱家"，即认为妻子的凶悍忌妒会造成家庭不和，导致"夫为妻纲"这样的理想夫妻关系混乱。而在许多人看来，更认为妻子对丈夫纳妾的忌妒有害于家族的延续。

　　古希腊大哲人苏格拉底，娶了珊蒂柏，她是有名的悍妇，常做河东狮吼。有一天家里吵闹不休，苏格拉底忍无可忍，只好出门。正到门口，他太太由屋顶倒一盆水下来，正好淋在他的头上。苏格拉底说，"我早晓得，雷霆之后必有甘霖。"苏格拉底在家里不得安静看书，因此成一习惯，天天到市场去，站在街上谈天说理。开了"游行派的哲学家"的风气。这一派哲学家的养成，应归"功"于家有悍妇。

林肯的老婆也是有名的泼辣，喜欢破口骂人。有一天一个送报的小孩子，十二三岁，不知道有什么过失，遭到林肯太太百般恶骂。小孩向报馆老板哭诉。于是老板向林肯提起此事。林肯说："算了吧！这小孩偶然挨骂一两顿，算什么？我都忍她十多年了。"林肯以后成为总统，据他小城的律师同事写的传记，说是归功于这位太太。书中说道，林肯怪可怜的，每星期六半夜大家从酒吧回家时，独林肯一人不大愿意回家。所以林肯那副出人头地、简练机警、应对如流的口才，全是在酒吧学来的。正应了中国那句老话，叫做"塞翁失马，焉知非福"。若干年后，大儒胡适先生深得此学，曾总结说："男人也要有三从四德。"他进而解释说："三从，说是太太外出要跟从，太太的话要听从，太太讲错要盲从。四德（与'得'同音）就是太太化妆要等得，太太发怒要忍得，太太生日要记得，太太花钱要舍得。"虽是说笑，你遇到这样有性格的妻子，除了忍耐就是离婚，没有别的办法。

最后是恶疾。妻子患了严重的疾病，则"不可共粢盛"，是指不能一起参与祭祀。在传统中国，祭祀是每个家族成员重要的职责，因此妻有恶疾所造成夫家的不便虽然不只是祭祀，但仍以此为主要的理由。时下，一方患有重病，另一方往往要追寻自己的幸福。当然，理由还是感情破裂。

不过，尽管古代"七出"制度明显地反映了"男尊女卑"的社会背景，但是"七出"并不是不受限制的。为了给予女子最低限度的保护，同时规定了"三不去"制度，妻子可以此为据对丈夫的休弃作出抗辩，以使女性最低限度地免于任意被夫家抛弃的命运。

一是"有所取无所归"。是指结婚时女方父母健在，休妻时已去世，原来的大家庭已不存在，休妻等于无家可归，不人道。

二是"与更三年丧"，和丈夫一起为父亲或母亲守孝三年的，不能

离婚为什么

被休。

　　三是"前贫贱后富贵"。结婚时贫穷，后来富贵的，弃之不义。

　　读至此，你不能不感慨，今日那些"富易妻、贵易友"的人连古人都不如。

　　要说，还是我们今天的离婚理由简单一些，《婚姻法》第32条第1款规定，"男女一方要求离婚的，可由有关部门进行调解或直接向人民法院提出离婚诉讼。人民法院审理离婚案件，应当进行调解；如感情确已破裂，调解无效，应准予离婚。有下列情形之一，调解无效的，应准予离婚：（一）重婚或有配偶者与他人同居的；（二）实施家庭暴力或虐待、遗弃家庭成员的；（三）有赌博、吸毒等恶习屡教不改的；（四）因感情不和分居满二年的；（五）其他导致夫妻感情破裂的情形。"此条规定，可分别对应"七出"中的"淫""恶疾""口舌（别居）"等几点。此可谓太阳底下没有新鲜事，"古今一体，概莫能外"。

好人不离婚

好人不离婚，离婚无好人？

蒋介石统治时期，山东有个政府主席，叫韩复榘。这人是个大老粗，最后被蒋介石抓了个"不抗日"的罪名枪毙了。我们这个"韩主席"很喜欢读《包公案》，人送外号"韩青天"。这"韩青天"断案，还是很有些笑话的。有一次，"韩主席"夜间微服私访，一人行走于省府西便道。一女子认识他，便拦路告状，说她受公婆虐待，挨丈夫打骂，无法生存，请求主席做主离婚，出脱苦海云云。韩主席素恨此类女子再嫁事件，乃假装善意骗她，说可以为她办理，命她到省府商议。途中，韩主席又说："你要离婚，可得拿出赔偿费来。还有，你一女子不能办离婚手续，需要有个男人替你办才好。"韩主席说这话，乃是赚人法，可那女子不知是计，信以为真，当即回说有一表哥可以代办。当时其"表哥"（实是奸夫）正随在身后，听了韩主席的话，以为大事可谐，连忙趋步上前，口说请主席做主，并从衣内掏出 500 元现钞呈上。至此，韩主席已看出端倪，将二人带至省府。经审问，二人供认奸情不讳，遂将他们一并枪决。

这就是离婚不成反搭两条人命！

古代有一出戏叫《十五贯》，剧中有一庸吏叫过于执。我十几年来能记住这个名字且从没忘记，完全是因为他那段"奇妙"的推理。尤葫芦被娄阿鼠杀死，而身为县令的过于执却认定尤葫芦的养女苏惠娟是凶手。依据便是他的推理——看你艳若桃李，岂能无人勾引；正当青春年少，怎会

55

冷若冰霜；定是你二人（苏惠娟和带有十五贯钱的熊友兰）勾搭成奸，被你父发现，于是就害其命、夺其财而去。就是凭这样的推理，过大人便把苏熊二人判了死罪。

在很多老法官（相当部分是军转干部）心目中，"离婚的没有好人，好人不离婚"。当然，现在年轻的法官中也有人有此心理，不过少一些。

感情确已破裂的评判（涉及婚姻基础、婚后感情、离婚主要原因、夫妻关系的现状及有无和好可能、子女的利益）以及具体认定标准需要综合考虑多种因素，判决不离婚仅仅是因为感情没有破裂，但并非感情就好，要不然也不会起诉离婚了。

法官在感情确已破裂这个问题上自由裁量权空间很大，感情确已破裂又是一个经验性很强的问题类型，是显示法官智慧的一个很好机会。审判实践中，第一次判不离的，99％还要再次来过，最后还得判离。真要离谁也挡不住。第一次不判离也有好处：可以给被告一个接受期。第二次法官就会对他说：你看，第一次没判离，这第二次再不判没道理了吧。有些案件第一次就判离法官可能承担更大的风险。

离婚纠纷中，法官有权根据当事人双方的具体情形判决不准离婚。这些具体情形一般是：（1）双方系自由恋爱，不是包办婚姻，当年是你们是你情我愿。（2）结婚年限已久，已经建立起了夫妻感情，宁破十座庙，不破一桩婚。（3）已有子女，应顾及子女的感情，子女离开父或母最可怜，父母离开子女对子女最不公平。（4）被告没有过错，对家庭付出较多，原告应念及恩情，知道感恩。（5）被告无经济收入，离开原告生活困难。（6）被告有病，需要人照顾。（7）被告或其家人坚持不离，声称判离的话，要死要活。（8）被告没有性功能疾病，可以尽夫妻义务。（9）被告没有因犯伤害感情的罪而入狱，且刑期不长，应感化帮教，抛弃会更不利于其改造。……

林林总总，举不胜举，反正要想判不离，何惧无理由？

当然，如果判决离婚，也完全可以用上述理由，因为婚姻首先以感情为基础，要求双方自愿。

如果一方不想过下去了，另一方坚持不离婚。法官这时大多采取自保的方法，判不离，因为反正你们也过了这么多年了，当年又不是我强迫你们过到一起的，现在闹到法院，只要另一方坚持不离，我就再让你们过下去，省了分财产，省了上诉，省了棒打鸳鸯的埋怨，何乐而不为？

但法官判不离的根据是什么呢？是道德？是社会稳定？是顾全大局？是但求无过？

婚姻可以无理由地存在下去，许多年无性生活的夫妻，责任、义务、尊严和稳定也照样让他们相安无事。

婚姻也可以无理由地不复存在，就是看不惯了，不喜欢了，要他们怎么办？喜欢一个人和厌恶一个人一定要有法定理由吗？就像当初谈恋爱，可以因为一个极细小的事而分手，那有错吗？领了证就不能谈愿不愿意了？

如果法官判不准离，是不是在强迫起诉离婚的一方要尽没有感情的夫妻义务？是不是在允许坚持不离的男方不顾女方的感情而强奸她？允许坚持不离的一方继续困扰想离婚的一方？

婚姻法提倡我的婚姻我做主，可"婚姻自主"，在判不离的结果出现后，却成了婚姻由"法官做主"？

夫妻双方是有完全民事行为能力的人，可以对自己的行为负责，如果法官判不离，就等于否定了婚姻自主，否定了起诉离婚一方要求自己承担责任的权利。

很多的法官，很多的基层法院，在当事人第一次起诉离婚，一概判决不准许离婚。也算是"法官的自保"？

婚姻关系确实有其特殊性，几乎可以提到人权的高度。如果某人认为婚姻破裂，起诉到法院，而法院基于各种考虑不判决离婚，该人只能回家继续面对那个他（她）不想面对的人，其精神痛苦只有当事者知道。联想到合同纠纷，如果刘德华和央视春节联欢晚会签订演唱合同，临时不想唱了，原告起诉到法院要求刘德华一定得唱，法院考虑到亿万观众的期盼，判决刘德华一定要唱，想想都是很滑稽的事了。

毕竟中国传统观念认为离婚是件很不光彩的事情，老百姓能起诉到法院离婚的，一般都是实在受不了煎熬才为之，所以司法倾向应该是尽量判离，这也是婚姻自由原则的体现。

　　法院判决不离，当事人反复起诉，其结果是不但浪费司法资源，而且增加当事人的费用和精神痛苦。

　　有人会问，那如果本来可以和好的婚姻，法院判离了，不是拆散鸳鸯？这个问题完全不必担心，因为如果能够和好，迟早都会和好，即使判离了，他们将来还可以复婚嘛，那只不过是去民政办 5 分钟就能搞定的事情。

不劝你离婚

离婚，您想好了吗？

毛主席经常对干部说"五不怕"。这五不怕是：一不怕撤职，二不怕开除党籍，三不怕老婆离婚，四不怕坐牢，五不怕杀头。

将离婚与撤职、开除党籍、坐牢、杀头相提并论，充分说明了在国人心目中离婚是多么重大的一件事。

一天，单位一位临工踅入办公室，走到我桌前，"我要离婚。你能不能给我写个诉状？我会给你钱的。"我一怔。相信她是再三思考之后才硬着头皮来找我的。任何人都知道，求人不是件容易的事儿。

我告诉她，我的电脑里有很多离婚诉状的文本，这对我来说不是件麻烦事，所以我不会收钱。她眼里流露出感激之情。我们的老百姓就这么容易满足。

请她坐下来，仔细问了问原因。知道她有两女一子三个孩子，都已成年，夫妻二人都在佛山打工，两人都生活得不容易，贫贱夫妻百事哀。丈夫有时打骂她，还怀疑她在外面有"相好"。

于是我给她讲了一通经营婚姻的理论。对这种事，肯定要先劝合的，因为这是人的原则问题，也是做事的底线。所以不能丢。她心情有些舒缓了，最终决定不离了。

因为职业原因，总有人询问些离婚的事儿。我也总是告诉他（她），能过下去就维持这段感情吧。

离婚为什么

　　这倒不只是"宁拆十座庙，不毁一家婚"的传统思维所致。更多是因为，感情的事儿，确实说不清楚。

　　我们老家有"三不做"的做人准则。哪三不做呢？"做媒"（老婆上了床，媒人上了墙；如果夫妻关系不好，二人共同的敌人就是媒人，外人指责的当然也是媒人，因为你当红娘牵错了线，搭配错了姻缘）；"做保"（"保"这个字，是一个"人"字旁一个"呆"字，呆人才作保。这不是我发明的。发明者是一位高中的校长。当年，他因为给一家企业盲目担保，被判决承担连带责任，最后被法院裁定从其工资中按月扣还，痛定思痛，他有了这么个发现，这可是花钱买来的教训呵）；"指先生"（介绍医生看病，病看好了，是医生的医术高明，病看不好你肯定是医托）。

　　不能做媒，当然更不能劝人家离婚。好像你从中收到什么好处一样（特别是做律师的人更要谨慎），如果碰上多疑的男人，会怀疑你挑拨诉讼，与她太太有一腿儿，那更是要命的事。

　　有一张《百年孤独》作者马尔克斯 1976 年的照片，左眼乌青，鼻梁带伤，袭击他的是略萨。没有人确切知道 30 多年前到底发生了什么，他俩对此也讳莫如深。据说略萨在外追求一瑞典美人，妻子帕特里茜娅发觉，遂往马尔克斯处求助，马尔克斯便给朋友妻出主意，劝她离婚。未几，略萨两口子和好，妻向略萨透露了前情。于是……

　　你不能不佩服古人，"夫妻床头恼床尾好"，总结得经典吧？如果夫妻之间说句离婚就真正能够离婚了，估计这世界上没有离过婚的夫妻没有几对。

　　你如果上来就劝人家离婚，过几天两人和好如初了，那你成了什么人？挑拨离间的小人一个啊。

　　古代人讲夫妻一体，今天我们也讲夫妻家事代理，都是有一定道理的。

　　夫妻双方已经长期分居，在一次争吵中，丈夫不顾妻子的反抗，强行与她发生了性行为。顺德区法院日前审结了这起佛山首例婚内强奸案，一

审宣判被指控强奸妻子的李某无罪。❶

这一判决引发了市民热议，也再次引发了民众对婚内强奸这一问题的思索。

《刑法》第 236 条规定，以暴力、胁迫或者其他手段强奸妇女的，构成强奸罪。而婚内强奸是指在夫妻关系存续期间，丈夫违背妻子意志，强行与妻子发生性关系的行为。从条文中看，现行立法并未将丈夫排除在犯罪主体之外。

但从法律解释方法上分析，丈夫不能是强奸犯罪的主体。因为婚姻法明确规定了夫妻的共同生活义务（广义上的夫妻同居权）。婚姻关系作为一种基于双方合意的民事契约，其对夫妻而言都意味着一种承诺，即在婚姻关系存续期间，建立在合法婚姻关系基础上的婚内性生活的合法性不容置疑。正因为如此，世界上大多数国家都对婚内性关系采取保护态度，把非婚姻关系作为强奸罪成立的前提条件。

目前，我国司法实践对婚内强奸的判例各有不同。婚内强奸案的"始作俑者"当属王卫明案。被告人王卫明与被害人钱某于 1993 年结婚，后因矛盾导致感情破裂，1997 年 10 月 8 日上海市青浦县人民法院应王卫明离婚之诉请判决准予离婚，但判决书尚未送达当事人。就在这期间，被告人至钱某处拿东西，使用暴力强行与钱某性交，且致使钱某的胸部，腹部等多处地方被咬伤，抓伤等。法院审理后认为，被告人王卫明主动起诉，请求法院判决解除与钱某的婚姻关系，法院一审判决准予离婚后，双方对此均无异议，两人均已不具备正常的夫妻关系，在此情况下，被告人王卫明行为已构成强奸罪，以强奸罪判处被告人王卫明有期徒刑 3 年、缓刑 3 年。一审宣判后，被告人王卫明服判，未上诉。这是 1997 年《刑法》实施以来上海判决的首例婚内强奸案。

我们看到，这起案件法院判罪的主要理由是被告人主动提出离婚且经法院判决同意离婚。

与该案结果差不多的另一案件发生在有"花鼓之乡"之称的安徽凤

---

❶ 2010 年 12 月 7 日《广州日报》。

离婚为什么

阳。1999 年 1 月，安徽凤阳县李某（男）与年仅 19 岁的吉某在未进行婚姻登记的情况下，按当地习俗举行了婚礼。但婚礼后的吉某因李某性情粗暴等原因，拒绝与李同房，李某便以暴力手段强行与吉某发生了性关系。2000 年年初，在吉某持续不断地控告下，李某被凤阳县公安局逮捕归案。6 月 6 日李某被安徽凤阳县法院以强奸罪判处有期徒刑 3 年。

2000 年的 3 月 23 日，四川省南汇县法院对一起类似上海青浦的婚内强奸案作出了被告人被指控的罪名不成立的一审判决。

这三起典型案例，不仅社会反响强烈，媒体关注有加，而且其中蕴涵的复杂的法律问题，也让司法机关颇费脑筋。案情基本一样，但判决结果迥然有异，实际上从一个层面折射出法院在认定婚内强奸问题上的两难选择。

同样是"婚内强奸"，相似的案件，为什么会有不同的判决呢？原因就在于司法的考量对象不同。以我之见，将强行发生性关系的丈夫送入监狱并不是解决夫妻关系的惟一和最佳方法，动辄司法伺候并不是法律的最佳选择，因此法院出于司法的非罪化、谦抑性角度考量，判决婚内不存在强奸是合适的。

夫妻间性侵犯都难说构成犯罪，更不用说一般的吵吵闹闹了。

关于婚姻，我们知道有琴瑟合鸣这种最美好的理想境界。但现实生活中，生活在一个屋檐下的夫妻，却常常因为谁做饭、谁洗碗的问题而过招。当然，反目者实为少数，但估计真正举案齐眉者也鲜有。事实上，离婚者当然是少数。因为对大多数人来说，婚姻是一种责任，而不仅仅是感情的维系。从领取结婚证书、步入婚姻殿堂开始，就确立了夫妻双方的家庭责任。

民国外交家王宠惠（也是著名法学家）在伦敦时，有一次参加外交界的宴席。席间有位英国贵妇人问王宠惠："听说贵国的男女都是凭媒妁之言，双方没经过恋爱就结成夫妻，那多不对劲啊！像我们都是经过长期的恋爱，彼此有了深刻的了解后才结婚，这样多么美满！"王宠惠笑着回答："这好比两壶水，我们的一壶是冷水，放在炉子上逐渐热起来，到后来沸腾了，所以中国夫妻间的感情，起初很冷淡，而后慢慢就好起来，因此很少有离婚事件。而你们就像一壶沸腾的水，结婚后就逐渐冷却下来。听说英国的离婚案件比较多，莫非就是这个原因吧？"

有感情的婚姻，也难免遇到危机。"有的是没金钱，有的是变感情。"就我看来，勺子总会碰锅沿。如果你能还能忍受，就坚持；如果你执意，那就坚持自己的选择。当然，这种选择会让你改变很多，也会让你失去很多，至少你注定要与原来熟悉的生活说"拜拜"。你对前面的风雨有抵抗力吗？

生容易活容易生活不容易，结容易离容易就是婚姻不容易。我总为生活中那一对对牵手行走的夫妻而感动。就我看来，婚姻更多是一种相互搀扶。挽的位置不对了，扶的力度过了点，这些都需要在行走中磨合。正如鞋子与脚的姻缘，互相适应，互相将就，一路前行。这样的默契，外人怎么能够说得清？

所以，离不离婚都凭你的感受，我们只能倾听，不能替你拿主意。

因为婚姻其实是件很私密的事儿。

忠诚协议有用吗

夫妻"忠诚协议"难倒最高法院，雷倒当事人。

我们知道，合同是双方当事人之间的契约，也是当事人之间的"圣经"。

莎士比亚名剧《威尼斯商人》的故事是大家都熟悉的：威尼斯商人安东尼奥为了帮助朋友，向犹太商人夏洛克借了一笔钱，而夏洛克为了报复安东尼奥平时对他的侮辱，情愿不要利息，约定在三个月的期限到来之时，如果安东尼奥不能清偿债务，就要由夏洛克在安东尼奥"心口所在的附近取一磅肉"。后来由于安东尼奥的商船接连沉没，到期无法偿还债务，夏洛克就向法庭起诉，请求按照原合同履行。威尼斯公爵和元老们的劝解都无法让夏洛克回心转意，只能准备执行原约定。幸好安东尼奥友人的未婚妻鲍西娅聪明过人，假扮法律权威来到法庭，宣布"这约上所签订的惩罚，于法律条文的涵义并无抵触"，夏洛克有权在安东尼奥的胸前取一磅肉；可是因为合同上只写了一磅肉，所以如果在取肉时流出一滴基督徒的血或者所割超过一磅或不足一磅，就是谋杀，要按照威尼斯的法律抵命并没收全部的财产。夏洛克听了，只得请求撤诉，可这位假冒的法律权威又宣称根据威尼斯的法律，异邦人企图谋杀威尼斯公民，就要由公爵宣判没收财产，夏洛克撤诉就说明他原来的本意只是想谋害安东尼奥，所以要由公爵判罚。公爵就势命令夏洛克改奉基督教，并且没收财产。夏洛克只得灰溜溜地败诉而回。

尽管正义战胜了邪恶。但这个案件，鲍西娅使用了诡辩术，这个判决是错误的。因为在古罗马法中，合同是一种不可动摇、必须履行的约定。古罗马的法谚"合意创立法律"几乎是全欧通行的原则。在《威尼斯商人》所处的时代，合同等同于法律，是一项普遍的原则。即使是像夏洛克和安东尼奥之间这样的合同，依旧被认为和法律一样具有强制力。法庭只能严格依照当事人订立的合同的字面意义判决，不能对合同另行作出解释。

近日，一网友在论坛上公布了江苏泰州高港检察院一公务员的保证书："我因婚后有婚外恋，经常与妻争吵，经长时间的冷静思考，特向妻子保证，永远不再打妻子，永远不会向妻子提出离婚，若有此现象，愿拿50万元作为赔偿。"❶

请问，上述合同（约定）有效吗？我可以肯定地告诉你，此题目当前无解。

上海市闵行区法院在 2002 年曾对此类案件作了判决。一个不忠的丈夫被判按照"保证书"赔付妻子"违约金"30 万元。法院的理由是：约定 30 万元违约责任的"忠诚协议"，实质上正是对婚姻法中抽象的夫妻忠实责任的具体化，"完全符合婚姻法的原则和精神"。也正是这一具体的协议，使得婚姻法上原则性的夫妻"忠实"义务具有了可诉性。既然协议没有违反法律禁止性规定，且是在双方没有受到任何胁迫的平等地位下自愿签订的，协议的内容也未损害他人利益，因而当然有效，应受法律保护。不料该判决公布后，在法学界引起轩然大波，被告（丈夫）不服一审判决向上海市二中院提出上诉，在上诉期间双方以 25 万元的价码迅速达成了调解协议。

因此该案中的忠诚协议是否有效并没有得到上海中级法院的认可或否定，其在法院系统的观点仍具有模糊性。特别是两年后，上海市高院发布内部司法解答意见，干脆规定类似诉讼法院不予受理，表明了和闵行区法院不同的态度。

---

❶ 2010 年 12 月 6 日《南方都市报》。

离婚为什么

　　2004 年 3 月，重庆市九龙坡区法院审理了一起案件，该案中，夫妻双方约定，如果丈夫在午夜零时至清晨七时不归宿，按每小时 100 元的标准支付空床费给妻子。这是全国首例以"空床费"协议为由而引发的官司。九龙坡区法院审理后确认，夫妻双方约定的"空床费"属于精神损害赔偿的范畴，应当予以支持。二审法院审理认为，"空床费"不属于精神损害赔偿范畴，但其约定的"空床费"实属补偿费，是双方当事人真实意思表示，属有效约定，应予支持。至此，这起震惊全国的"空床费"协议案尘埃落定。

　　在东莞塘厦居住的洪某和魏某结婚后，魏某发现丈夫有婚外情。为了约束洪某，魏某与他签订了协议：若洪某再出现婚外情，需向妻子支付 150 万元精神损害赔偿。但协议书签订没过多久，洪某被发现出轨。魏某一怒之下将洪某告上了法庭。东莞市第三法院作出判决，洪某需向魏某支付 10 万元精神损害赔偿。两人均不服，上诉至市中院。近日，中院进行二审，维持原判。❶

　　上述"婚内情感协议"具有的共同特征是：（1）均在夫妻双方自愿的基础上订立；（2）均没有违反婚姻法的原则和具体规定，而且旨在贯彻婚姻法有关夫妻忠诚义务的规定；（3）协议的目的均是为了维护夫妻之间的情感与忠诚；（4）均规定了违反协议的经济赔偿责任。但我们看到三起案件，三个结果，我们发现，中国当下对这种协议的法律效力是没有定论的。就看你案件所在法院和法官的自由裁量了。

　　《婚姻法》规定了夫妻之间有互助和忠诚的义务，并认可精神损害赔偿。法律是社会关系的调节器。原来有个说法，叫法律止于床帏，也叫法律不侵入床第，就是说人家夫妻鱼水之欢的事，你法律不要管。

　　当年，《婚姻法》修改时，全国妇联作为妇女界的代表，非要规定同居权（配偶权），因为许多良家妇女没有看好自己的丈夫，不是这些妇女自己无能，是那些"狐狸精"太迷人了！所以要"赶走四川妹，老公回家睡"。但没有被立法当局吸收，这真是个英明的决定！2001 年《婚姻法》

----

❶　2010 年 5 月 27 日《东莞时报》。

写入"夫妻应当相互忠实、相互尊重",一定程度上是为了保护女性权益。

但反对派的看法是,《婚姻法》所规定的忠实义务,是一种道德义务,而不是法律义务,夫妻一方以此道德义务作为对价与另一方进行交换而订立的协议,不能理解为确定具体民事权利义务的协议。忠诚协议限制了一方的人身自由权,有违法律规定。

庄子行路偶遇一新寡妇人坐于坟前用扇子扇坟,不解,问其意,妇人曰:"拙夫生与妾相爱,死不舍分,遗言教妾如要改适他人,直待葬事毕后,坟土干了,方才可嫁。妾思新筑之土,如何得就干?因此举扇扇之。"

1988年,我读高二,时任班主任、授语文课的赵习功老师在课堂上讲了这个故事。课堂里一阵哄笑。正如故事中后叙,庄生含笑,想道:"这妇人好性急!亏他还说生前相爱。若不相爱的,还要怎么?"对年仅十五六岁,正值对人生爱恋懵懂初开的花季少年,怎么能够理解这种夫妻关系?对我们大多数人来说,"连就连,你我相约定百年,谁若九十七岁死,奈何桥上等三年"的生死约定才是爱情的真谛。

23年过去了,我们这代人开始向40岁靠拢,大多都已结婚生子,成家立业。我不知道他们是否会如我一样,能够在今天想起这个故事?他们今天对婚姻、对感情的理解,又是否一如23年前?

今天的我,从事着一份与法律相关的工作。我发现,日常中与我谈及法律问题或向我咨询的,除了专业问题外,80%的都是婚姻家庭问题。这不只是我个人的感受,多位从事法律工作的人都有此感。尽管他们提的问题并不难,但我却总难给出合适的答案,因为婚姻特别是现实中的婚姻不似买卖合同(契约)那么简单,因为人的感情是最复杂的东西。

我们回到故事中,凭什么女人在丈夫死后就不能立即改嫁?况且那寡妇还愿意遵守承诺,等前夫坟头土干了再改嫁,这不是信守合同的典范吗?如果说借助扇子,力图使坟头土快蒸发的行为不轨,放在今日,则完全可以套用"当事人为自己的利益不正当地阻止条件成就的,视为条件已成就;不正当地促成条件成就的,视为条件不成就"(《合同法》第45条)来解决。

但问题中最重要的是:婚姻中的夫妻约定效力如何?我们看到,出于

离婚为什么

成人两性情感的相互承诺，如山盟海誓、相约结婚，也可称为"协议"。然而，这种情感色彩极为强烈并与人生命运有关的协议，并不具有合同法上的效力，因为依据合同法，只能强制执行与经济目的或经济后果有关的协议。可是，婚姻自由的原则使得维系夫妻情感的婚姻外壳相对脆弱，于是，一种借助合同法理念维系夫妻忠诚的协议（也就是本文所称之"婚内情感协议"）开始出现。

但由于《婚姻法》没有对违反"婚内情感协议"的行为规定具体的赔偿标准，法学界也尚有争论，《最高人民法院关于适用〈中华人民共和国婚姻法〉若干问题的解释（三）（征求意见稿）》对此也没有涉及，就是说，最高法院对忠诚协议打算干脆什么都不说了。

据说，最初的这部"司法解释（草案）"规定，只要协议是双方自愿签订并且不违反法律规定，法院应当支持。后来，起草人的态度发生逆转，又规定法院对这类协议不予受理、已经受理的应该驳回起诉。因为最高法院的支持将助长"捉奸"行为，败坏社会风气。事实上，不少忠诚协议本身就是"捉奸"后的产物。

但如果我们把上述约定视为一方对另一方的离婚补偿协议，又有何不可呢？我们为什么动辄就一定认为协议违法呢？如果我们将婚姻视为一种契约，违约当然要付出代价，双方在合同中写明代价数额岂不比由法院自由裁量更好一些？

"搁置争议"是中国人的政治智慧，但适用在法律上，苦了谁？幸福了谁？保护了谁，打击了谁?！相信群众的眼睛是雪亮的。

悲欢离与合

离婚不是罪

离婚是一种自由。

我国《宪法》和《婚姻法》都把婚姻自由（包括结婚自由和离婚自由）作为一项基本原则。随着社会的发展，人性社会意识的觉醒，特别是双方经济地位的独立，离婚已经不再是羞耻的事。但社会公众对离婚率高企的担忧也与日俱增。因为离婚自然会对家庭关系、子女健康成长等带来一系列社会问题。

可是我们必须承认，离婚自由是社会进步的一个重要标志，这应该成为我们的共识。

世上奸夫淫妇勾搭成奸、谋杀亲夫的事很多。当然，要数典型性和新闻性，非西门庆、潘金莲这一对莫属，真是可惜了武大郎那一条人命。不过话说回来，也不能全怪西门大官人和金莲小姐。就我看来，都是婚姻不自由惹的祸。

如果说潘金莲能够婚姻自主，她会嫁给这个"三寸丁""谷树皮"男人？尽管她是穷人家的女儿出身，但偏偏生有一段姿色，"肌肤胜雪，妖媚生香""眉似初春柳叶，常含着雨恨云愁；脸如三月桃花，暗藏着风情月意。纤腰袅娜，拘束的燕懒莺慵；檀口轻盈，勾引得蜂狂蝶乱。玉貌妖娆花解语，芳容窈窕玉生香。"（这是武氏兄弟重逢后，武松来到哥哥家见潘金莲第一面的描述）

即便按郎才女貌的传统观点来看，就金莲小姐的条件，这"郎"也绝对不是他武大郎，倒是"十八碗不倒、景阳岗上赤手打虎"的武二郎，更为般配。可在万恶的旧社会，婚姻之事，她怎么做得了主？

另一方面，西门大官人和金莲小姐这一对奸夫淫妇之所以携手谋杀亲夫，离婚不自由也是罪因。如果说能够自由离婚，潘金莲早就通过合法程序与大郎拜拜，然后再嫁如意郎君西门大人去了，何苦冒着风险来投毒杀人啊？这风险真是太大了，以至于两条人命都搭上了！

如果这事发生在今日民主和法治健全社会，武大郎如果识相自愿与金莲小姐协议离婚，搞不好西门庆还会送上一笔不菲的"经济帮助费"；即便是武大郎王八吃秤砣——铁心不同意，只要潘金莲小姐执意离婚，估计法院也会判决离婚。当然，可能一次不行，那就两次呗，反正时间成本核算就是再大也比害命小。偏偏制度作孽，可惜了一双"好人才"。

我年轻时候很喜欢看美女配英雄之类的剧目，总为那些美女与英雄不能共缠绵而心痛。当然，这只能是我们好心人的善良愿景。年龄渐长，才感觉上天是何等公平！巧妇常伴拙夫眠才是人生的常态，因为这符合自然法则。如果一个倾国倾城的大美女嫁给一个有才有貌的郎君，这种强强联合的产品会是一种超强的产物，这样的产品自然是绝世稀有。更重要的是，按照此种结合方式，中等姿色者相匹配，那丑女只有与丑男相结合的可能，其产生的下一代质量自然可想而知。这自然会加大人与人之间的最早差别——出生差别。而如果美女嫁丑男，尽管让人心理上、形象上难以接受，但其中和作用的产物就比较平和；反之美男娶丑女，亦是如此。事实上避免了社会上可能存在的大美大丑问题。这个问题，事实上也如贫富悬殊一样，一旦解决不好，会成为社会重大隐患的。老公性格偏急，上天就配给他一个性情较慢的太太，这样的搭配是稳定的，也是和谐的。如果一个性急的丈夫，一在路上与人发生了追尾事故，就想拿刀子与人拼命，偏偏边上坐着也性急的太太，立即随手递上刀子，并对老公这样的行为竖大拇指，那就只有出人命了；反之，如果太太在边上慢慢地劝阻说："我中华大国，法律尚在，我们报警吧！"一场暴力就此避免。

这样的和谐其实无处不在。所谓"老子英雄儿好汉"只是口号而已，其实不然。一般来说，老子各方面突出，儿子就很难独当一面。因为老子的光辉太强，遮挡了儿子的明亮。至于在财富的分配上，有所谓"穷无头富无根，穷不过三代富不过三代"。就现在看来，甚至已经快到"风水轮流转，明日到我家"的地步。有时甚至感慨，好在这个社会上有一种平衡法则，否则穷人可怎么活呀！

根据《婚姻法》的规定，只要是符合《婚姻登记规定》的男女都可以登记结婚。结婚证上的内容只反映了男女双方的年龄、登记结婚的时间以及登记机关，从法律上赋予了男女双方从登记之日起就成为合法的夫妻关系。中国的传统文化希望登记结婚的男女能一同走过美好婚姻历程，为此并没有在结婚证上规定男女双方婚姻的有效期限是多长，什么时候结婚证会失效，什么时候夫妻身份关系得以解除等。有人主张对结婚证也应当像工商营业执照一样进行年检，以确保婚姻的"正常营业状态"。虽是戏谈，但想来也有一定道理。经营婚姻的理论告诉我们这样适时的"回头看"是必要的。

当然，能从婚姻围城里跑出来的离婚者可不是一般夫妻关系。人说一日夫妻百日恩，百日夫妻似海深。但现实生活中，我们见过恩爱夫妻，也见过很多昔日的美好姻缘今日各奔东西。

大诗人艾青和韦嫈为离婚从 1950 年到 1955 年打了六年官司，因为韦嫈不同意离婚。到了 1955 年，韦嫈匆匆提出离婚，艾青终于如愿以偿。艾青说："鬼使神差，给我发了一张释放证（离婚证书）。"艾青拿到离婚证书的时候，高兴地大喊："艾青解放了！艾青解放了！"

必须明确，在我国，法院判断夫妻是否可以离婚的惟一理由是"夫妻感情是否确已破裂"，而非其他。确认夫妻感情是否确已破裂，要从"婚姻基础、婚后感情、离婚原因、夫妻关系的现状和有无和好的可能"等方面综合分析。

但时至今日，我们有些普通百姓甚至于部分法官仍然将原告是否有过错作为准予原告离婚的原因。这是完全错误的观点，因为我国《宪法》赋予了公民的离婚自由权利。但从宪法规定的权利到实际生活中的权利差别有多大？相信你我都清楚。

李某为了达到与妻子离婚再与他人结合的目的，在距第一次判决不准

离婚为什么

离婚生效刚满 6 个月的第二天再次向法院提起了离婚诉讼。庭审中原告的父母毅然作为儿媳汪某的代理人一并参加了应诉,在法庭上列数了原告的种种不孝行为,并语重心长地进行规劝,要求原告回归家庭。法院审理后认为,原告因自身原因导致夫妻关系不和,责任在于原告,被告及家人多次表示夫妻感情并未破裂,能够原谅原告,遂判决不准离婚。❶

这类离婚案件在日常司法实践中常见,但就我看来,问题还真不少。

一者让亲人出庭作证有悖人伦。亲属之爱是人类感情联系的基础,在亲属之爱与其他利益相冲突时,法律能强迫有感情的人置亲情于不顾吗?法律是要为维护婚姻家庭关系的稳定考虑,还是为家庭纠纷的激化推波助澜?让父母法庭上指证儿子,这不是有悖人伦吗?相信不久在中国的法庭上再也不会出现这种夫妻离婚公婆作证、父母离婚儿女法庭上指证的事。

二者公婆不宜做儿媳的代理人。我们知道,我国民诉法为了适应我国公民法律素质相对较低的实际,对代理人的限制是相对较少的,因此,单纯从法律条文看,似乎不能得出上述结论。但允许公婆为儿媳作代理人,极易发生代理人侵害委托人利益的事,毕竟血浓于水,我们一方面不希望发生有悖人伦的事(如本案中儿子就容易对父母产生意见,最终可能形成家庭悲剧及赡养等问题),另一方面,我们要用诉讼制度对这种现象进行制止。依据就是《最高人民法院关于适用〈中华人民共和国民事诉讼法〉若干问题的意见》第 68 条 "……以及人民法院认为不宜作诉讼代理人的人,不能作为诉讼代理人"。

三者在代理人和证人身份相冲突时,应优先作证人。从上文中可以看出,该案中公婆似乎出庭更是为了作证,证明其子有过错,而说明儿媳无过错,这样说来,其作证人更合适。因为我们知道,证人具有惟一性和不可替代性,而代理人是可选择和替换的,因此,本案中认定公婆为证人身份似乎比代理人更合适。

这个案件我认为可以判决离婚,当然判决不准离婚也不是不可以。

先说可判离婚的理由。在调解(包括和好及离婚)无效的前提下,根

---

❶　2006 年 5 月 29 日《人民法院报》。

据《最高人民法院关于人民法院审理离婚案件如何认定夫妻感情确已破裂的若干具体意见》，一方与他人通奸、非法同居，经教育仍无悔改表现，无过错一方起诉离婚，或者过错方起诉离婚，对方不同意离婚，经批评教育，处分，或在人民法院判决不准离婚后，过错方又起诉离婚，确无和好可能的，可以判决离婚。这是完全适合该案的。

当然也不能说原审法院判决就完全不对。该案中，双方婚前感情较好，女方无过错，在女方及公婆坚决不同意离婚的情况下，考虑到该案的实际，直接判决离婚可能效果并不好。因此，在司法实践中法院对这类案例也可能判决不准离婚。

判决不离，男方仍不会照顾女方，六个月后可能再次起诉离婚，司法实践中一般会判决离婚（不能将过错作为惩罚一方，不准离婚的理由），因此判离好一点。但反过来，在女方坚决不同意的情况下，判不离更符合人之常情，且结果易为广大普通民众所接受，这是我们的法官也必须要考虑的。

对该案来说，离还是不离还真是个大问题。

离婚去民政还是去法院

能去民政，不去法院。

经常有人问我，离婚去法院还是去民政好？

我总是告诉他/她，当然是选择民政协议离婚好一些。

2003 年以前，离婚需要单位或居委会出具书面证明。为保护自己的隐私，许多夫妻不得不维持名存实亡的"死亡婚姻"。即使是离婚，大家宁愿去法院，因为法院判决不需要单位证明。《婚姻登记条例》2003 年修订后，人们更多地是去民政部门"好聚好散"，不再"对簿公堂"。

在敦煌山洞出土的唐朝人"放妻协议"，一改人们对古人婚姻的观念。这份古代的离婚协议书主要内容如下："凡为夫妇之因，前世三生结缘，始配今生之夫妇。若结缘不合，比是怨家，故来相对……既以二心不同，难归一意，快会及诸亲，各还本道。愿妻娘子相离之后，重梳婵鬓，美扫峨眉，巧呈窈窕之姿，选聘高官之主。解怨释结，更莫相憎。一别两宽，各生欢喜。"

从这份协议书看来，这对唐朝夫妻离婚的原因，完全是由于感情不和，而文中的"一别两宽、各生欢喜"，即是现代人说的好聚好散。此外，这名唐代离婚男主角还宽宏地祝福女主角，选择一个"高官"再嫁，这样的心胸，令人称奇。

协议离婚与诉讼离婚相比具有如下特点：一是程序简易、便捷；二是离婚协议易于当事人自觉遵守和履行；三是避免了讼累，缓解了婚姻当事

76

人的仇视和敌对。符合我们老百姓常说的"好合好散"。

"好合好散"是一种理想的选择，犹如合同的合意解除。1990 年冯巩和任梦曾经合演过电影《离婚合同》。同在飞天舞厅工作的刘流（冯巩饰）和宁娃（任梦饰）离了婚，但因住房问题一时难以解决，他们只好还住在两间一套的单元里。两人拟定了一份"离婚合同"，商定互不干涉对方的生活。歌手月蓉对刘流倾心已久，见刘流已和宁娃分手，便大胆地向他表白了爱意。刘流尽管很喜欢月蓉，却仍是旧情难忘，时刻在关注宁娃的一举一动，并在暗中保护她。宁娃后来真正感受到刘流身上的许多可爱可贵之处，内心又萌出缕缕眷恋之情。于是，她开始干扰刘流和月蓉的"好事"。刘流指责宁娃违反了"合同"中的有关规定，而宁娃则一不做二不休，把"合同"撕得粉碎。故事的最后，深陷在宁娃和月容情感漩涡中的刘流，正独自坐在体育场的观众席上细细地品味，苦苦地思索。

刘流的苦恼就是因为离婚合同只是两个人签订的，并没有到民政部门办理离婚登记。这种合同是君子协议，当不得真的。

《婚姻登记条例》规定，内地居民自愿离婚的，男女双方：第一，应当共同到一方当事人常住户口所在地的婚姻登记机关办理离婚登记。第二，应当出具下列证件和证明材料：（1）本人的户口簿、身份证；（2）本人的结婚证；（3）双方当事人共同签署的离婚协议书，离婚协议书应当载明双方当事人自愿离婚的意思表示以及对子女抚养、财产及债务处理等事项协商一致的意见。

到民政部门办理协议离婚十分便捷。北京民政部门曾在媒体上称，如果证件材料齐全，10 分钟即可办理。这离婚速度比打官司要快多了。

当然，我必须提醒你，协议离婚在实践中也有一些问题，常见的如"假离婚"。为了逃避计划生育多生子女，为了逃避债务，为了两边享受分房或购房的国家优惠政策，为了给子女办理农转非户口，甚至为了家庭的和睦等，夫妻以离婚为手段，达到共同的或者各自的目的，是为"假离婚"。这种离婚一般具有暂时性，待预期目的达到后，双方通常会按约定复婚。但也有一部分人"弄假成真"，离婚后置既有的约定于不顾，不愿复婚或者与他人再婚，从而容易引起纠纷发生。

离婚为什么

《民事诉讼法》第 183 条明确规定，当事人对已经发生法律效力的解除婚姻关系的判决，不得申请再审。此不得再审仅指离婚本身，但如果对于判决中的子女抚养和财产分割问题不服的，仍然可以申请再审。"假离婚"之后如果一方发现自己被骗了，在另一方没有再结婚的情况下，可以到民政部门或法院申请撤销离婚。但是如果对方已经再婚，你就无权起诉他重婚了。

有人认为，我们虽然因种种原因离异了，但确实有感情，而且我们都没有再婚。没关系，法律会成人之美的，《婚姻法》第 35 条规定："离婚后，男女双方自愿恢复夫妻关系的，必须到婚姻登记机关进行复婚登记"。复婚必须到婚姻登记机关办理登记手续，将交回的原离婚证或法院判决书（或调解书）撤销，发给复婚登记证，恢复其合法的夫妻关系。离婚当事人双方不经复婚登记，私下同居，不能取得合法的夫妻身份，也不会受到法律的保护。

我还必须告诉你，并不是所有的人都可以通过协议离婚解决问题的。因为"有以下情形的，婚姻登记机关不予受理离婚登记申请：一方当事人请求登记离婚的；双方当事人请求离婚，但对子女抚养、夫妻一方生活困难的经济帮助、财产分割、债务清偿未达成协议的；当事人为限制民事行为能力人或无民事行为能力人的；未办理过结婚登记的。"

协议离婚仅适用于双方自愿离婚并就子女和财产问题已有适当处理的情形，而诉讼离婚则适用于一切离婚关系。就我接触的案件看来，绝大多数不是通过协议离婚来解决的。这倒不是我从事法院工作，对诉讼离婚更熟悉一些，实则因为双方很难达成协议。

我们中国人向来缺少契约传统和文化，在婚姻上更是如此。好则"你侬我侬，忒煞情多，情多处热似火！把一块泥，捏一个你，塑一个我。将咱两个，一齐打破，用水调和，再捏一个你，再塑一个我。我泥中有你，你泥中有我。与你生同一个衾，死同一个椁"；感情一旦恶化，则反目成仇，非杀之不足以解心头之恨。此时，想订立契约无非是痴人说梦！

当爱已成往事，双方最好能选择理智的做法，友好分手，避免旷日持久的诉累；但当诉讼不可避免时，只能既来之则安之！舍此无良方。

究竟选择协议离婚、还是诉讼离婚，只能根据你的具体情况来定！

先提离婚会吃亏吗

达到离婚目的，往往要付出一定代价。

编辑同志：

我与我丈夫经人介绍于 1998 年 6 月登记结婚，生有一子，现已 7 岁。婚后感情一度尚可，后由于双方性格不合，经常为一些小事吵架，两人关系逐渐疏远，现已分居一年多。为此，我想同他离婚，他也同意。我们对子女抚养、财产分割都基本上协商一致了。因为听别人说谁先提出离婚要求在处理财产时便会吃亏，所以他不愿意先提出离婚，当然我也不愿意。请问：谁先提出离婚要求，真的在处理财产时会吃亏？

读者：李芳

2011 年 2 月 7 日

李芳读者：

婚姻自由是我国《婚姻法》的一条基本原则，婚姻自由包括结婚自由和离婚自由两方面的内容。离婚自由主要指夫妻双方感情确已破裂时，当事人双方都有提出要求解除婚姻关系的权利。当然，对于离婚须慎重，我们反对草率离婚，这毕竟对双方和子女是一种痛苦的事，不到万不得已，没有必要离婚。

《婚姻法》第 31 条、第 32 条规定，男女一方要求离婚时，可以到民政机关进行登记离婚或直接向法院提出离婚诉讼。

离婚为什么

社会上确实有一种说法，认为离婚案件中谁先提出离婚要求，在处理财产时便会吃亏。这种说法是没有任何法律根据的，是不正确的。

法院在审理离婚案件中，必须遵循"以事实为根据、以法律为准绳"的办案原则，在查明案情的基础上，依法作出处理，而不论是谁先提出的离婚诉讼。谁先提出离婚，这本身并无过错，也不存在吃亏的问题。

当然，法院在财产的分割上要适当考虑当事人双方的过错责任大小，但这与谁先提出离婚之间是没有必然联系的。因此，如果你感到你们的夫妻感情确已破裂，离婚比继续维持已经死亡的婚姻更好，就应该果断提出离婚。要相信司法机关会依法办事，先提出离婚一方在财产分割时不一定吃亏。

××日报法律服务组

我们经常在报纸上见到这样对读者的解答。当然，即便换成让我来解答，我也只能这样写。

但事实上呢？

我们会发现这与现实生活中的案例并不一致。

歌星孙楠与买红妹协议离婚。离婚是孙楠先提出来的，他给买红妹及其子女留下了自己的所有财产，其中有五处房产（含两套别墅）和三千万现金，另外孙楠离婚后每年还要支付近100万元的子女生活费。孙楠这不就等于"净身出户"吗？即便如此，似乎仍然余事未了。后来又传出孙楠与买红妹间的"夺子战"。网友中虽不乏力挺孙楠者，但更多的都倒向了单亲妈妈买红妹，认为"做人不能太孙楠"。

无独有偶，在历时两年、开庭六次的拉锯战之后，奥运冠军马琳和张宁益的离婚官司终于在2011年新年前夕也尘埃落定，张宁益分得了马琳位于亦庄的别墅，此外还分得了马琳的千万家产。张宁益直言"终于结束了"，并表示对法院调解结果比较满意。

2010年8月底，老虎伍兹与妻子艾琳离婚的消息正式对外公布，双方维系了近6年的婚姻关系就此正式结束。不过更引人关注的，显然在于两人的离婚协议，这份颇为神秘的离婚协议一直被双方视为"最高机密"没有被披露。美国媒体猜测——从5 000万美元到7亿5 000万美元，各种说法是应有尽有。但从被披露的离婚协议来看，这最重要的一点终于有了一个确切的数字——1.1亿美元。虽然这和传言结果有巨大的差别，但对于艾琳来讲，这个数字绝对是可以接受的。这和现在人们称她为"亿万富婆"的身份完全匹配，她完全不用担心自己今后的生计问题。❶

你说，成功人士离个婚容易吗？

事实上，我们发现大量的离婚，特别是成功人士的离婚中，往往是先提出离婚的一方付出沉重的经济代价（当然，你也可以理解成是对另一方的精神损害赔偿金）。

那么，上述法律解答正确吗？在我们中国，有些事大家都知道，但就是不明说，当然也不能写出来，这叫潜规则。

"婚姻就是一场男人和女人争夺话语权、经济权和掌控权的战争。"这是热播电视剧《婚姻保卫战》中的经典台词。在家庭财产的处理上，《婚姻法》规定，夫妻婚前的个人财产，归个人所有。夫妻关系存续期间所得的财产，即夫妻共同财产，归夫妻共同所有，夫妻双方享有平等的所有权和处分权。离婚时，夫妻的共同财产，由夫妻双方协议处理。如果协议不成，起诉到人民法院，经法院调解，仍达不成协议，法院只好在判决离婚的同时，将财产一并判处。

《婚姻法》《妇女权益保护法》及有关司法解释规定，对离婚案件的财产分割问题，坚持男女平等，保护妇女、儿童的合法权益，照顾无过错方，尊重当事人意愿，有利生产，方便生活的原则，合情合理予以处理。因第三者介入或喜新厌旧而离婚的，处理财产时，要注意照顾无过错一方和子女的利益。

但打官司的经验告诉我们，法条并不等于现实。从原告举证角度讲，按照谁主张谁举证的民事举证规则，如果你不能证明有某些财产掌握在被告之下，法院自然不可能给你分割，原告自然可能吃亏。也正鉴于此，才有"离婚时，一方隐藏、转移、变卖、毁损夫妻共同财产，或伪造债务企图侵占另一方财产的，分割夫妻共同财产时，对有上述行为的一方可以少

---

❶ 2011年2月24日《佛山日报》。

分或不分；离婚后，另一方发现有上述行为的，可以向人民法院提起诉讼，请求再次分割夫妻共同财产。当事人请求再次分割夫妻共同财产的诉讼时效为两年，从当事人发现之日起计算"的规定（《婚姻法》第47条及司法解释一）。

从法理上讲，谁先提出离婚谁就吃亏的不违法之处，更多是基于一种夫妻间的扶养义务。扶养是指一定亲属间的相互供养和扶助的法定义务。《婚姻法》依据亲属的辈分不同将广义的扶养分为长辈对晚辈的抚养，晚辈对长辈的赡养，配偶之间和兄弟姐妹之间的狭义的扶养三种。《婚姻法》第20条规定，夫妻有互相扶养的义务。一方不履行扶养义务时，需要扶养的一方，有要求对方付给扶养费的权利。夫妻之间的扶养权利和义务，是夫妻身份关系所导致的必然结果。夫妻一方向对方所负的扶养义务，从接受者的角度来看，就是接受扶养的权利。夫妻之间的扶养权利和义务是彼此平等的，任何一方不得只强调自己应享有接受扶养的权利而拒绝承担扶养对方的义务。

夫妻之间接受扶养的权利和履行扶养对方的义务是以夫妻合法身份关系的存在为前提条件的，不论婚姻的实际情形如何，无论当事人的感情好坏，这种扶养权利和义务始于婚姻缔结之日，消灭于婚姻终止之时。

夫妻之间的扶养，属于民法上的强行性义务，夫妻之间不得以约定形式改变此种法定义务。当夫妻一方没有固定收入和缺乏生活来源，或者无独立生活能力或生活困难，或因患病、年老等原因需要扶养，另一方不履行扶养义务时，需要扶养的一方有权要求对方承担扶养义务，给付扶养费，以维持其生活所必需。

夫妻一方不履行法定的扶养义务，情节恶劣，后果严重，致使需扶养的一方陷入生活无着的境地，从而构成遗弃罪的，在承担刑事法律责任时亦不免除其应当继续承担的扶养义务。《刑法》第261条规定，对于年老、年幼、患病或者其他没有独立生活能力的人，负有扶养义务而拒绝扶养，情节恶劣的，处五年以下有期徒刑、拘役或者管制。

许多法官有种想法，既然原告提出离婚诉请则判离满足了原告的愿望，那么原告就应当在财产上让步，即少判给原告一些财产。这尽管从法理上讲是错误的理解，但现实中大量存在。

另外，我们还要考虑到一方坚决离婚、另一方坚决不离婚的情况，那别无他法，无论是法院还是我们案外人，都只能劝你"花钱买平安"了。这也可以视为一种对对方的精神损害赔（补）偿。

我们知道，新中国建立以来，开始借鉴苏联民法的理论和立法经验，否认精神损害赔偿制度的合理性，将精神损害赔偿视为资产阶级法权制度而予以排斥。但从《民法通则》颁布实施到今日，精神损害赔偿抚慰金已经广泛应用，坊间俗称"花钱为自己的错误埋单"。因为金钱虽然不是万能的，但金钱一定程度上是可以消除痛苦的。为了离成婚，你只能财产上受损了。

当然，你也可以"一毛不拔"。不过，要想离成婚，6个月后再来试一试？

离婚诉状自己写

自己写，有感情！

曾六如的笔记《小豆棚》卷八记载有女讼师"疙瘩老娘"的故事：疙瘩老娘是个寡妇，也是个远近闻名的刀笔讼师。经年不结的大案子，凭她一字数笔，就可以了结。她靠这个本事发了大财。湖州有一个富家的年轻儿媳，丈夫死了后想改嫁，而公公不允许，强迫她守寡。儿媳向疙瘩老娘求援。疙瘩老娘向她要了一千六百两银子，写了一张十六字的状子："氏年十九，夫死无子，翁壮而鳏，叔大未娶。"按照当时法律，公公与儿媳私通是死罪，而弟弟娶寡嫂也是死罪。这张状子呈上去，县官立即判令允许儿媳改嫁。

《清稗类钞》也曾讲了类似的故事：湖南一讼师廖某，为别人打官司战无不胜，在当地小有名气。有一少妇年少守寡，欲再嫁，但又怕丈夫的家人阻拦，就找到廖某商议，廖某为之撰写辩词，其中经典一句是"为守节失节改节全节事：翁无姑，年不老，叔无妻，年不小"。这虽然只有区区二十二个字，但却将孀妇本欲再嫁的心思表述成了为保节、守节而在"翁无姑，年不老，叔无妻，年不小"情况下作出的一种无奈选择，使得改嫁之举不仅符合情理，而且还会引发人们对孀妇的恻隐之心。无怪乎，"县官受词，听之"。

可以想见，讼词对于案件的结果起了多么重要的作用，这也说明了诉讼中文字的重要性。

在离婚中，也经常遇到需要准备一份书面的协议或诉状的情况。

在协议离婚中，离婚协议书具有相当重要的地位。因为，对协议离婚来说，"双方自愿"是基本条件，"对子女和财产问题已有适当处理"是必要条件。而离婚协议书不仅应明确表明双方自愿离婚的意愿，同时还应明确双方离婚后比较重要的问题，如孩子如何抚养、财产如何分割等。离婚协议书写得好，将为双方日后的平静生活创造良好基础。反之，可能婚虽然离了，但是还有许多遗留问题给双方带来麻烦。

离婚协议书中除了写明双方的基本情况，如姓名、性别、年龄、住所、身份证号码和双方结婚证的号码外，还应当写明：（1）双方当事人同意离婚的意思表示；（2）子女抚养，即离婚后孩子抚养权的归属以及抚养费的负担与给付方式；（3）财产处理，包括家中物品、金钱、债权等财产的分割和夫妻共同债务的负担等；（4）其他事宜，如住房问题、夫妻一方生活困难的经济帮助或者其他双方认为有必要在协议书上明确的内容。

当然，千万别忘记去民政机关办理离婚登记，因为协议写得再好，不去办离婚手续，等于废纸一张，没有用的。

普遍认为离婚协议的写作相对简单，因为毕竟是两个人的"友好协议"。相对而言，离婚诉讼中的诉状，则与之有较大差别。

诉讼离婚的一般程序，首先是原告向法院递交起诉状。

起诉状应当记明下列事项：（1）当事人的姓名，性别，年龄，民族，职业，工作单位和住所；（2）诉讼请求和所根据的事实与理由；（3）证据和证据来源，证人姓名和住所。证据主要包括：①与被告系合法夫妻关系的结婚证或夫妻关系证明书（婚姻登记机关出具）；②夫妻共有财产的清单，如房产、股票、债券等；③其他支持自己诉讼请求的证据。

在一般法律人看来，离婚诉状是非常简单的事。但对普通老百姓来说，却不那么简单。

60年前有些法院对于妇女提出离婚，以起诉书的格式（有的限用十行纸）作为受理与否的条件。在当时一般妇女文化程度尚未普遍提高的情况下，托人代写诉状就已感到困难，甚至花了很多钱，才托人写到一份诉状，法院以诉讼不合规定，不予受理，这不仅与一般诉讼程序的原则不

合，而且严重地限制了妇女对于婚姻问题的合法要求。这种不必要的限制，后来终于取消了。❶

不要以为 60 年以前才有这些错误方式，我知道现在有些法院也强迫离婚当事人必须使用格式诉状，有些离谱到必须使用打印件（拒绝手写），甚至一份空白诉状纸收费 2 元，不使用该法院专用的诉状纸您就别想立上案。这些法院的生财之道，可谓五花八门。

那么，是自己写诉状好还是请专业人士代书好呢？我们知道，自己不能书写或者不愿亲笔书写，委托他人代笔作书面的文字材料，包括请人代笔写起诉状、写遗嘱等，是为代书。从理论上讲，我国法律没有规定诉状不得代书，因此您自然可以请律师或者他人代劳。但就我在法院工作经历及与其他法官的交流看，大家更喜欢看原告自己书写的诉状。

为什么？

原告与被告于××××年××月××日经人介绍/由父母包办/自愿登记结婚，没有感情基础/婚后感情尚可。婚后生育×子×女（子×××现年××岁，女×××现年××岁）。由于双方性格不合/被告思想堕落/贩毒吸毒屡教不改/贪财好色/水性杨花/卖淫嫖娼/经常殴打原告/离家出走……夫妻感情确已破裂。原告婚前财产有（房屋、汽车、存款、嫁妆、知识产权、股票、企业股份等）；婚后共同财产有（房屋、汽车、存款、知识产权、股票、企业股份等）。综上所述，由于被告……导致夫妻感情确已破裂。依《婚姻法》第 32 条之规定，提起诉讼，请准予离婚。

这是我们在司法实践中常见的代书诉状，这样的诉状基本上没有情感因素，而是法律框架结构的表达，这样的诉状有感染力吗？

当然，法庭对案件的考量重点在于法律关系，而当事人陈述则更多出于事实角度。为了使自己的证据更充分以获得更有利的裁判结果，当事人一般在陈述时喜欢事无巨细，而不对涉案法律事实进行筛选，此时，法官一般会引导当事人陈述与案件有关事实，而对与案件无关事实会进行合理

❶ 1951 年 12 月 25 日《最高人民法院、司法部、内务部纠正几个有关婚姻问题的错误的指示》。

取舍。这当然是可行的。但在诉状中您的真情流露越多，就越能打动法官。而法官相信了您的理由，才有可能判决您离婚不是？

所以，如果您能够书写，我建议您最好自己来写诉状，因为您感情的事，别人不清楚，就是问了也不会详细，而您自己写自己的经历自然最真实。

能感动自己的，才感动别人，文章是这样，离婚诉状也是这样。

别手懒！别怕字丑，因为法官看的不是字而是情感！

离婚案要公开审吗

如果不想公开，最好事先向法院申请。

经过一番工夫，您的案件终于要开庭审理了。

开庭审理是指人民法院在完成审判前的准备工作后，在法院或其他适宜场所设置法庭，对案件进行审理的全过程。

想来，婚姻中毕竟有些秘密的事，如果一些人来旁听，等于别人在"围观"您的隐私，所以您不想让别人围观，只想两个人"情话悄悄说"。法官在村里开审离婚案，全村人围观，就等于在夫妻床头安装了个扩音器，你说这怎么行？

当然，你也不能说法院这样做一定错了。

我们知道，法院开庭方式主要是有公开审理和不公开审理两种。民事案件以公开审理为原则，不公开审理为补充。根据《民事诉讼法》第120条的规定，人民法院审理民事案件，除涉及国家秘密、个人隐私或者法律另有规定的以外，应当公开进行。离婚案件，涉及商业秘密的案件，当事人申请不公开审理的，可以不公开审理。

由此可知，离婚案件一般也公开审理，但如果当事人申请不公开审理的，可以不公开审理，其决定权在于法院。

法律之所以规定"当事人申请不公开审理的，可以不公开审理"，是因为离婚案件有其自身的特殊性。在审理中可能会涉及个人隐私、感情上的一些不愿意公之于众的内容。因此，如果当事人申请不公开审理的，法庭一般都会允许。离婚案件的不公开审理，有利于调解工作的顺利开展，有利于婚姻家庭幸福和社会的稳定。

其实对涉及个人隐私的离婚案件，当事人没有申请不公开审理的，人民法院是否公开审理，存在不同的观点。一种观点认为，离婚案件不公开审理只能由当事人申请，当事人没有申请的，法官可建议当事人提出不公开审理的申请；第二种观点认为，法官可按"涉及个人隐私的案件不公开审理"的规定，依职权决定不公开审理。我比较认同第二种观点。离婚案件即使当事人没有申请不公开审理，当案件的内容涉及当事人及相关第三人个人隐私的，法院应当依照《民事诉讼法》第120条规定不公开审理，以充分保护公民合法的隐私权。

法院在审理离婚案件时，各个诉讼阶段都有可能涉及公民合法的隐私权。

在法庭调查阶段，要对当事人的自然情况进行审查，而且还要对双方的婚姻基础、婚后感情、婚姻续存期间财产状况、子女情况、有无外遇，有无隐疾等个人的信息进行调查。这就必然要涉及公民的个人隐私，如相识方式、恋爱过程、收入状况等。虽然有的当事人对公开此类信息持放任甚至积极的态度，但是不能否认，有相当一部分当事人是不得不公开这类隐私。如有的夫妻系先同居，后登记；有的夫妻原互为第三者等。而且同一事实，一方可能认为是隐私，而另一方则未必。如一方有外遇，外遇一方不愿为人知，而无过错的对方却积极期望为人知，以便得到舆论的支持和法律的救济。

在法庭质证阶段，为了证明自己的主张，当事人提供的证据也有可能侵害到对方的隐私权。如出示被对方殴打致伤的身体照片、证明对方疾病的病历资料、证明对方外遇可能的图片与书信等。

张老太太的儿子与媳妇打离婚官司时，张老太太的日记本居然被儿媳拿来作证据当庭出示。张老太太将儿媳告上法院，索要精神损失费。北京丰台法院认为，张老太太要求儿媳赔偿精神损害抚慰金，但其未能提供相应证据以证实儿媳持有及使用日记本给其造成了精神损害的严重后果，张

老太太的该项诉讼请求证据不足，法院不予支持。❶

问题是：即使认定该儿媳偷拿了张老太的日记本，如果她只在法庭上使用，而且范围局限于作证据使用，则不能认为她非法侵害了张老太的人格尊严。

在法庭辩论阶段，由于当事人的心理素质、文化水平、法律知识等方面存在差异，随时有发生宣扬对方个人隐私的可能性。这些情况，如果发生在不公开开庭审理的过程中，虽然被披露，但属于在合法的范围内，不构成对当事人隐私权的侵害；如果将其展示于其他旁听人员，则构成了对当事人隐私权的侵害。

李某是辽宁某律师事务所律师，2007 年他代理了一起离婚案件，自认为代理词写得非常精彩，遂于 2009 年 11 月将代理词发到了律师网上，作为体现自己业务能力的一个宣传。但是该代理词并没有做技术处理，将当事人王某夫妻的隐私情况全部披露，并保留了王某的真实姓名。王某离婚的细节让王某现在的女朋友和单位同事看到了。可想而知，女朋友闹，单位同事笑，王某承受了巨大的心理压力，遂将李某诉诸法院。法院认为，被告作为一名职业律师不得泄露当事人的隐私，而被告却在未经王某同意的情况下，将他代理王某离婚案件的代理词全部内容在网络上发布，公开宣扬王某隐私，传播范围甚广，致使王某无法正常工作、生活，给其心理及精神上都造成巨大伤害。被告行为已经严重侵害了王某的隐私权，理应承担侵权责任。法院判决李某将网上的王某离婚代理词完全删除，并给付王某精神损害抚慰金 1 万元。❷

我们当然可以说，法院审理离婚案件这么多年了，公开审理并无问题。但我们必须考虑到隐私权是随着社会的发展而出现的一项人格权，随着人类文明程度的提高，人的独立自由日益受到重视，因此保护个人隐私权才在我国越来越受到法律的重视。为了有效保护个人的隐私权，不公开审理离婚案件是符合法律规定的。一般正常人都不愿意暴露隐私，因此，

---

❶ 2006 年 5 月 27 日《人民法院报》。
❷ 2010 年 12 月 26 日《沈阳日报》。

我认为在离婚案件审理中规定以不公开为原则是有益的。

当然，如果在离婚案件中，一方申请不公开审理，而另一方面当事人坚决要求公开审理，法院该怎么办？到底是公开审理还是不公开审理？目前尚未发现此种案例，不过确实有可能存在。如男方包二奶案件，男方出于自己隐私考虑申请不公开审理，而女方出于社会正义以及赢得舆论和公众同情角度，坚决要求公开审理。

2007年5月18日，赛门铁克公司的诺顿杀毒软件"误杀事件"造成国内大量用户系统崩溃，广州律师刘士辉的电脑也不幸中招。5月底，他一纸诉状将赛门铁克软件（北京）有限公司告上法院，记者坐到天河法院旁听席时，突然被告知合议庭决定不公开审理，因为此案涉及商业秘密。刘士辉对此表示异议，他认为案件并不涉商业秘密。❶

司法实践中一些企业为了不为公众知悉诉讼详情，往往会以商业秘密为由申请不公开审理，而法院一方面对是否为商业秘密仅仅凭卷宗材料难以确定，另一方面为了防止可能申请人利益受损，也一般准许当事人的申请。

这种方式确实存在着滥用申请权的可能性。但思索之下，尚无良方，这正如高考制度，凭一次考试定选择肯定不公平，但现行制度下还有比这一制度更公正、公平的吗？

那你在离婚时该怎么办呢？

为了保护你的隐私，你要事先向法庭书面申请不公开审理。

---

❶ 2007年8月25日《南方都市报》。

离婚需多长时间

到底有多长，我也说不清。

经常有当事人问我，从起诉到成功离婚，到底需要多长时间。

到底需要多长时间呢？我总是回答不出。有人就很鄙视，怎么着您学法律这么多年，连这个简单的问题都没法回答啊？

这个问题说简单就简单，说复杂还真复杂。

因为这就是法律上的民事审理审限，是指民事诉讼案件从立案的次日起至裁判宣告、调解书送达之日止的期间。

根据民事诉讼的相关规定，即，法院适用普通程序审理一审民事案件的审限为6个月；有特殊情况需要延长的，由一审法院院长批准，可以延长6个月；还需要延长的，报请上级法院批准；适用简易程序审理案件的审限为3个月，不能延长，若3个月内不能审结，转为普通程序继续审理。法院审理二审民事案件一律适用普通程序，针对判决的上诉案件，审限为3个月，有特殊情况需要延长的，由二审法院院长批准；针对裁定的上诉案件，审限为30天，不能延长。依照审判监督程序再审案件的审限依据适用的程序确定，按照一审程序再审的适用一审普通程序的审限，按照二审程序再审的适用二审程序的审限。

也就是说，离婚案件一审的审理期限一般在3～6个月内审结。

事实上，可能还不这么简单，除了院长批准，可以延长、上级法院批准再延长外，还有3种情况不计入审限。

根据《最高人民法院关于适用〈中华人民共和国民事诉讼法〉若干问题的意见》规定，下列事项耽误的期间不计入审限：（1）公告期间，即从法院在报纸上正式发出公告之日起至公告期满的时间。（2）鉴定期间，即从当事人提出书面鉴定申请至鉴定机构出具正式的鉴定结论之间的时间。（3）处理管辖问题的期间，即从当事人提出书面管辖异议至二审法院就管辖问题作出终审裁定书的时间以及处理法院之间的管辖争议的期间。

某被告户籍所在地法院受理一起离婚案件，被告在答辩期内提出管辖权异议，称其经常居住地在另一法院辖区，但未提供任何证据，经法院查证其所称地址并不存在。对此，审理中有两种意见，第一种意见认为其异议显无正当理由，且无证据支持，显系拖延诉讼，滥用权利，故不必要作出裁定；第二种意见认为异议权是法律赋予当事人的权利，不能附加任何条件，应当作出裁定。

法院对管辖权异议的审查是形式审查，这是由管辖权异议的性质决定的。理由有三：其一，管辖权异议制度是一项程序性救济制度，其救济效果发生时案件仍处于程序审查阶级，尚不涉及实体问题，因此，对管辖权异议的审查只限于形式审查。其二，这种审查的目的在于确定法院对案件有无管辖权，而管辖权问题在我国纯粹是一个程序问题，因此对这个问题的审查应当仅以当事人提供的材料能够在形式上确定管辖权为限。其三，如果对管辖权的审查渗透入了实体审查的因素，则属于诉讼程序的非法超越，案件因此而提前进入了"开庭审理阶级"，这显然违背了审判的基本原理。因此在司法实务中，只要权利人提出管辖权异议，法院就应当作出相应裁定，而不能视理由而定。一个管辖权争议目前一般要 3 个月才能确定。如果再上诉，还要 3 个月左右（含在途时间）。

这样说来，您知道自己的案件要多长时间才能解决了吧？

事实上法院超审限的事实经常发生的，有些法院因为案件多、人员少超审限都司空见惯了。

2010 年 11 月河南省高院院长张立勇在一次讲话中提到，灵宝市有一起故意伤害案，交付审判 4 年，基层法院、中院 8 次审理，3 次发回重审，4 次超审限；郑州某法院审理的一起行政纠纷案，法院审了 19 次；

离婚为什么

洛阳市高新区法院审理的一起房屋损害侵权案，中院先后3次发回重审，原审法院共有9名法官全部参与审理，没办法再另行组织合议庭了。他们要再审这个案子，还得赶紧招几个人进去。

尽管极端些，但遇到这样的事，你有什么办法？老百姓打官司不容易，等打完官司都成了"专家"了，正所谓"久病成医"啊！容易吗咱们?! 有人就问离婚能不能更快一点？就像"闪婚"一样可不可以闪离啊？答案怕是难。

网上有个咨询：

我和妻子都是二婚。各有两个子女。我们婚后不久就分居，我提议离婚，她却不同意。我只好起诉离婚。妻子的女儿在武汉做生意，妻子就长期居住在武汉，不回来应诉。每次法院通知开庭，她都以卧病在床为借口请求推迟开庭日期，法庭竟然多次同意延期。立案至今已经一年多了，没有开过一次庭。请问我该怎么办？

怎么办啊？只能等待，别无良方！

相信有许多受压迫的男人都和我一样，还在怀念万恶的"旧社会"。万恶的"旧社会"虽然缺衣少食，但男人的地位较今日为高是不争的事实。特别是在离婚上，古代有什么"七出三不去"之说，一纸休书就解决了问题。

今日的世界已经进入了信息化社会。各种现代化的科技在引领生活，甚至影响了传统的离婚方式。高新技术与古老习俗结合，催生了一个崭新"科技词汇"——电子离婚。根据伊斯兰法，丈夫只要对妻子说三声"塔拉克"（我休你），就离婚有效。在马来西亚，政府认为穆斯林丈夫可以发手机短信休妻。马来西亚总理马哈蒂尔的宗教顾问说，只要短信明确，不含混，根据伊斯兰法，离婚就有效，因为"移动电话的短信只不过是书写的一种形式"。❶

不过，世界上的事有人支持就有人反对。

约旦官方统计数据显示，2009年至少有450对夫妇通过发送手机

---

❶ 2007年11月12日中新网。

94

短信方式离婚。这种现代离婚方式在约旦社会激起千层浪，保守人士、伊斯兰教学者和一些社会团体领导纷纷声讨。因为根据约旦传统习俗，女方虽然在离婚时没有话语权，但丈夫必须当面告诉妻子离婚决定。曾担任宗教基金和伊斯兰事务大臣、约旦大学伊斯兰教教法系主任的盖拉尼说："所有离婚应当备有文件证明，以确保丈夫与妻子离婚的意愿清晰，并且他作出这一决定时情绪正常。"盖拉尼认为，电子离婚使不少家庭的未来危如累卵。约旦妇女联盟副主席娜迪娅·沙姆鲁赫则认为电子离婚不具法律效力。她说，根据约旦相关法律，结婚时男女双方必须亲自前往法庭登记，"我们据此认为，所有结束婚姻合约的举措应以同样方式进行，这就意味着所有电子离婚案例不合法"。❶

读完这样的消息，我突然发现，原来约旦的法学水平与我国差不多大。既然丈夫只要对妻子说三声"塔拉克"，就离婚有效。那盖拉尼的所谓"证明文件"源自何方？至于约旦妇女联盟副主席"结婚时男女双方必须亲自前往法庭登记，我们据此认为，所有结束婚姻合约的举措应以同样方式进行"更是睁眼说瞎话。这点亦与我国女权主义者相似。（此语并非我有歧视）

真是笑话，还有更笑话的呢。

2010年2月11日的《钱江晚报》有报道说，"约旦立法部门将立法，今后如果有人声称，他用手机短信跟太太离婚，司法人员必须调查：这则手机短信是否由先生本人发出以及这名男子是否自愿跟太太离婚。"

就我看来，如此做倒是有道理。因为个人的手机尽管是自己的私人物品，但难免有时保管不慎，被"坏人"钻空子。因此，查明是本人发出以及自愿还是有意义的。不过，用处可能不大。至于理由，自己想一想，好不好？

---

❶ 2010年4月9日《羊城晚报》。

离婚要花多少钱

理论上不多，实际上可能不少。

经常有人问我，打离婚要花多少钱。这也难怪，经济社会人人都要考虑成本核算，打离婚也不例外。

首先要明确，如果协议离婚，工本费是 9 元。据说，这个费用全国各地也不太相同，但我发现最贵的也不过是 20 元。

还是说诉讼离婚收费，这个比较复杂。

2007 年 4 月 1 日国务院颁布的《诉讼费用交纳办法》规定，离婚案件每件交纳诉讼费用 50 元至 300 元。涉及财产分割，财产总额不超过 20 万元的，不另行交纳；超过 20 万元的部分，按照 0.5% 交纳。案件受理费由原告（有独立请求权的第三人、上诉人）预交。

这是书面上的离婚案件花费。

50 元至 300 元，似乎不算多，大多数人也承受得起。何况"当事人交纳诉讼费用确有困难的，可以向法院申请缓交、减交或者免交诉讼费用的司法救助"。

我个人是反对法院收取离婚诉讼费的，就像我坚决反对结婚登记收费一样。理由很简单，一是这 9 块钱的结婚收费国家财力完全承担得起，二是我深信没有人为了贪图这种小便宜而频频离婚、结婚。离婚亦差不多。

那为什么到法院诉讼要收费？其依据的思想是：受益于司法活动的人，理所当然地应该承担司法费用。

作为国家公民，我们每时每刻在向这个国家纳税。纳税的目的之一，是用税款供养国家公务人员，保障国家机器正常运转，为公民提供高质和廉价的公共服务。公民因纠纷需要通过诉讼途径求得公正裁判，正是这个国家应当提供给他的子民们的服务之一。

按照20世纪80年代的诉讼法理论，法院收取诉讼费的解释是，诉讼只是少数公民的事情，国家不应当用纳税人的税款为少数人提供廉价的服务，收取诉讼费，一是减少国家财政负担，二是减少和阻却公民滥用诉讼权利。仔细想来，这是非常荒唐的。国家为公民解决纠纷是国家的义务，公民运用国家法律寻求诉讼这一文明的方式解决纠纷，是进步和文明的需要和表现，公民提起诉讼绝无权利之滥用，国家应当提倡并用法律保障和推进。国家用收取高额诉讼费的办法，来限制和逃避对公民的义务，是国家对公民的犯罪。

在美国，曾有人就西红柿是水果还是蔬菜提起诉讼，该诉讼经过几级法院审理，最后由联邦高等法院判决：西红柿不是水果，是蔬菜。❶ 在香港提起离婚诉讼，过去法院只向诉讼当事人收取100港元的诉讼费，现在是不收取诉讼费的。目的是方便当事人用法律手段解决婚姻纠纷，倡导和推动社会文明。

英国哲学家密尔曾说："在我们所列举的有害的赋税中，法律税占有显著的地位。这是对各种诉讼活动课征的一种税。同加在诉讼活动上的所有费用一样，这种税打击了伸张正义的行为，鼓励了违法行为。"当民众需要花钱才能买司法机构的保护时，司法机构就已失去了公共权力机构的属性，而堕落为富人的保护工具。因为那些不得不提出诉讼的人，是受益于法律和司法活动最少而不是最多的人。有人曾尖锐地指出："法律向他们提供的保护是不充分的，因为他们不得不诉诸法律来确认自己的权利或使自己的权利不受侵犯，而社会其他成员则在法律的保护下没有受到侵害，无须诉诸法律。"显然，以收取诉讼的方式来限制这些得不到法律保

❶ 参见拙著《无法不谈：一个法律人的行与思，海洋出版社，2009年6月第1版，第16～19页》。

护的人们的权利，是本末倒置的不当做法。

有人认为不收费可能造成的严重后果是滥用诉权。其实，在我国老百姓打官司的热情并不高，"遇讼则凶"的传统思维使大家遇到纠纷并不首先选择诉讼。

当然，诉讼费收还是不收，这似乎是一个无解问题，何况我们普通老百姓说了也不算！

按照人们通常理解，法院是最讲法的地方，就应当是最按规则收费的地方，但实际情况却不是这样。

某沿海的中级法院在《司法服务新农村建设的调研报告》中曾经指出：打一场离婚官司，少则几百，多则几千甚至上万元的花费，对相当一部分还不富裕的农民来说，无疑是一笔不小的开支，如果还要请律师，则花费更多。

打官司需要这么多花费？我告诉你，确实需要这么多，原因就在于某些法院乱收费。上述报告中透露，曾经有法院规定离婚案件诉讼费一律收3 000元，让当事人发出"离不起婚"的感慨。

这应该不是个例。

当事人因诉讼对法院的意见主要有三方面：一是诉讼周期长、审判效率不高，耗费了当事人过多的时间与精力，给当事人的生产、生活带来很大的影响，这是间接成本；二是对法院收费的意见，不只在于收费标准的高低，还在于某些费用是否应当收取；三是对法官因工作责任心不强、不自律等因素所造成的隐性诉讼成本增加有所不满。

有律师朋友在山东某地办理过多起离婚案件，依照法律明文规定，法院应该收取50元的诉讼费用，但当地法院却在50元以外额外收取了2 000元的诉讼费用。问有没有依据，其工作人员称"是院里统一规定的，有问题请找领导，我只是执行者"，多霸道啊！

当然，这也不能只怪某个法院。

2010年5月，山东省潍坊市坊子区法院执行庭的一名法官，在执行案件时向当事人一方索要1.9万元办案经费，理由是"法院经费不足，一般要求按执行款10%向法院缴纳赞助费"。结果整个过程被录像。得知该事后，该院副院长和执行局长出面退费，并要求当事方"得饶人处且饶人"，少要点赔偿。

近几年，从基层法院的人民法庭到高级法院，都在翻修或者新建办公楼，搞得如同宫殿一般金碧辉煌。但买得起马却配不起鞍，法院的软硬件建设，应当由地方政府或国家划拨资金，实际情况却是由法院自己买单。在雄伟庄重的审判大楼里，堆满了以法院为债务人的巨额债务。

地方财政没有给地方法院拨付足够的经费，法院为了生存和运转，不得不在法律规定之外拓展诉讼费收取空间，法院乱收费，老百姓打不起官司，将大量的可以诉讼解决的问题带到了社会上，形成新的社会不安定因素。

上述案件中，如果不是当事人留个心眼偷偷录像，即使举报，也很难查有实据，这说明，该案被曝光有一定偶然性。多数当事人给法院交钱，即使不完全心甘情愿，一般也不会太过较真甚至"撕破脸皮"。

高昂的诉讼费，成了社会弱势群体寻求司法救济的瓶颈。国家没有建立低廉的诉讼费制度，再加上现代诉讼制度、诉讼程序的复杂性，当事人不借助律师的帮助，单靠个人往往难以全面维护自己的合法权利，这使得当事人寻求诉讼解决纠纷的成本越来越高。

某些情况下，欲寻求诉讼途径解决纠纷的当事人，几乎到了穷困潦倒的边缘，有的农村当事人确实离不起婚。这些贫穷但感情破裂的当事人，只好望法院而兴叹，由此而引起的家庭暴力和和刑事案件不在少数。

那么，面对法院的乱收费，你该怎么办？

只能看自己的情况而定，如果乱收费的钱不是太多，你又着急要离婚，那只能硬着头皮挨宰了。

这就是理论上的法律与实践中的法律不同之处。

外地人在哪儿离婚

能在本地，莫回老家。

现在人口流动频繁，漂泊在外地的人，也有情感需求，也有离婚诉求。

我哥和我嫂子因为感情不和要离婚。结婚是在四川省广元清水乡人民政府登记处登记的，来浙江这边四年多了，现有一个 3 岁的儿子。财产他们是协议分割的，宝宝的抚养权归我哥。在浙江这边可以办理离婚手续吗？都需要准备些什么？

"我想咨询一下外地人怎么样离婚？"网上类似的问题还真不少。问题似乎不难。但如果要认真解答，可能不容易。

我所生活的佛山是个外来人口较多的城市，所以外地人向我咨询离婚诉讼时，我往往要问一下居住情况（含地址和时间长短），以确定是不是可以在本地法院起诉。

2006 年 3 月 20 日《佛山日报》刊登了一则解答。有读者问："我打算跟老公离婚，已经就相关问题达成协议了。但我跟老公都是外省户籍，目前都在佛山工作，有暂住证，请问能否在本地办理离婚手续？"

报纸上给出的解答是：

根据《婚姻登记管理条例》第 10 条规定，"内地居民自愿离婚的，男女双方应当共同到一方当事人常住户口所在地的婚姻登记机关办理离婚登记"。因当事人双方只有暂住证，都没有佛山常住户口，不能在佛山本地婚姻登记机关办理离婚手续，应持协议书和其他相关证明到夫妻其中一方常住户口所在地的婚姻登记机关办理离婚手续。

这真是一个让人哭笑不得的解答。

一者《婚姻登记管理条例》显系《婚姻登记条例》之误。二者就内容而言，问题、疏漏更多。

《婚姻法》第31条规定，男女双方自愿离婚的，准予离婚。双方必须到婚姻登记机关申请离婚。婚姻登记机关查明双方确实是自愿并对子女和财产问题已有适当处理时，发给离婚证。第32条第1款规定，男女一方要求离婚的，可由有关部门进行调解或直接向人民法院提出离婚诉讼。就是所谓的协议离婚（婚姻登记机关管辖）和诉讼离婚（法院管辖）两种路径。

上述解答在协议离婚这个环节上是正确的。但《民事诉讼法》第22条规定，对公民提起的民事诉讼，由被告住所地人民法院管辖；被告住所地与经常居住地不一致的，由经常居住地人民法院管辖。《最高法人民法院关于适用〈中华人民共和国民事诉讼法〉若干问题的意见》第12条规定，夫妻一方离开住所地超过一年，另一方起诉离婚的案件，由原告住所地人民法院管辖。夫妻双方离开住所地超过一年，一方起诉离婚的案件，由被告经常居住地人民法院管辖；没有经常居住地的，由原告起诉时居住地的人民法院管辖。第5条规定，公民的经常居住地是指公民离开住所地至起诉时已连续居住一年以上的地方。但公民住院就医的地方除外。

这么详尽的法条罗列还需要拙嘴笨舌的我进行解释吗？

根据上述法律规定，如被告（可以是夫妻一方）在佛山居住一年以上，佛山即为经常居住地，佛山法院可予以受理。这更方便当事人离婚。

毕竟我们打工的在外赚点钱不容易，我们怎么舍得他们为了离婚花费钱财、浪费时间？

同为在异乡漂泊之人，我对这个解答很是不满。于是我先打这个热线号码，结果是限制呼入。我就给这个热线发短信，结果两天了也没得到回音。于是我又找了这个版面编辑的电话，可惜不巧，打了五次也没找见人；最后我又找整理这则问答的刘姓女记者，在费尽一天周折后，终于找到了。她在电话里说一定转告这位咨询人，但愿。但愿这两位打工者能听到我这个答复，能够达到离婚目的且不必长途奔波，不须耗用过多（在佛山法院，离婚如果没有 20 万元以上财产，法院只收 50 元钱，而且对这种双方意项明确的，应该很快就能结案；而在许多内地法院，往往要有乱收费的，详见前文《离婚要花多少钱》）。

据说这家热线是依托一家具有政府背景的社会团体创办的，是公益性质，似乎不宜苛求他们。但对二把刀式的专家还是要说一说。"二把刀"专指那些对某一行懂点（对外人来说）又绝对不懂（对专业人士）的人，这种人最害人。

当年我在法庭工作。从部队转业一名军转干部，坐在办公室显著位置，反正是当事人来法庭他是第一个迎接者。农村老百姓懂什么呀？有法律问题来问（一般应该有点难度，如果简单还用问吗），他必定是第一个抢先回答，人家还以为是资深法官呢。至于结果，肯定是与法律不（太）符。如果符合，我还用举这个例子?! 让我们两个坐在稍后的法科大学生大为光火。于是，如此几番后，我（当时是书记员）和一位赵助审（此兄对我法律素养的形成影响不小，且表感谢）专门找到庭领导，要求将这位好心的同事（他绝对是个热心人，我们现在关系都不错）调整位置。我们都不是什么优秀法官之类高素质的人，但我们法律人的良知不允许我们对这种给老百姓以误解的二把刀式专家无动于衷。提醒大家一下，坐在法院里的人不一定是法官，就是法官也不一定懂法律，懂法律的人也不一定回答法律问题都正确。

总之，您得自己长个心眼，特别是离婚等涉法问题，可以多找几个律师咨询一下，当然"一分价钱一分货"，你想那些免费的法律咨询，可能效果就不一定太好。您也可以直接到当地法院，因为法官负有法定的解答群众法律咨询的义务，他们说的可能更权威一些。

大家漂泊在外，赚钱不容易。所以打官司一定要寻求少花钱的路径。

怀孕期间能离婚吗

能？不能?!

"请你们帮帮我!"

2010年8月26日夜间，网友"白加黑"在佛山市三水区人民法院的版块上写道："现在我已经怀孕，但是我老公和我经常吵架，他又滥赌！我想提出离婚，可听人说，怀孕期间不能离婚，是不是真的?"次日，三水区法院的发言人在上班不久，就迅速发来了回复，在详细解释了帖中涉及的法律问题后说，"现在您正在孕育新的生命，经历着人生中最美妙的过程，而这个过程也是最容易产生矛盾和问题的时期，更需要冷静理性面对。"❶

这个问题从法律上看并不难。

首先，怀孕不能离婚是个不准确的概念。

《婚姻法》第34条规定，女方在怀孕期间、分娩后一年内或中止妊娠后六个月内，男方不得提出离婚。女方提出离婚的，或人民法院认为确有必要受理男方离婚请求的，不在此限。

这条规定限制的主体是男方，不是女方；限制的是男方在一定期限内的起诉权，而不是否定和剥夺男方的起诉权，只是推迟了男方提出离婚的时间，并不涉及准予离婚与不准予离婚的实体性问题。也就是说，只是对

---

❶ 2010年10月27日《南方日报》。

離婚为什么

男方离婚请求权暂时性的限制，超过法律规定的期限，不再适用此规定。

1980年《婚姻法》第27条规定："女方在怀孕期间和分娩后一年内，男方不得提出离婚。女方提出离婚的，或人民法院认为确有必要受理男方离婚请求的，不在此限。"在修改《婚姻法》的讨论中，有的人提出，自然流产或人工流产，即中止妊娠（俗称"小产"），对妇女的身心健康都会有很大的影响，妇女在此期间也应受到法律的特别保护。而且《妇女权益保障法》第42条规定，"女方按照计划生育的要求中止妊娠的，在手术六个月内，男方不得提出离婚"。为此，立法机关在原条文的基础上，增加了"女方在中止妊娠后六个月内，男方不得提出离婚"的内容。这项规定是对保护妇女、儿童身心健康的特别规定，它在一定条件下限制了男方提出离婚的请求权。女方怀孕期间、分娩后一年内或中止妊娠后六个月内，一方面胎儿或婴儿正处在发育阶段，正需要父母的合力抚育；另一方面妇女也需要身心的康复，如果此时男方提出离婚请求，对妇女的精神刺激过重，既影响妇女的身体健康，也不利于胎儿或婴儿的保育。为了照顾女方怀孕期间和分娩后一年内或中止妊娠后六个月内的特殊情况，保护胎儿、婴儿的健康、维护妇女的身心健康，上述限制是完全合理的。这不仅出于事实上的需要，也是社会道德的要求。法律不仅要保护胎儿和婴儿，同时也要保护妇女。为了保护妇女和子女的正当利益，法律禁止男方在此时提出离婚请求是完全必要的。

在实践中，还有以下问题：

一是女方分娩后一年内，婴儿死亡的，原则上仍不允许男方提出离婚；

二是女方流产的，也应受到保护，但不宜机械适用上述规定，可视女方健康状况，由人民法院决定是否受理男方提出的离婚请求；

三是原审法院判决离婚时，未发现女方怀孕，女方自己发现并提出上诉，应撤销原判决，驳回男方的离婚起诉。

当然，男方在此期间并不是绝对没有离婚请求权，法律还有例外规定，即法院认为"确有必要"的，也可以根据具体情况受理男方的离婚请求。

所谓"确有必要"，一般是指比该条特别保护利益更为重要的利益及需要关注的情形。事实上，"确有必要"受理男方离婚请求的案例是非常少的，哪些情形"确有必要"受理，由人民法院认定。这些特殊情况一般包括：女方有虐待、遗弃婴儿的行为；女方对男方有危及生命、人身安全的可能；女方在怀孕期间或分娩后一年内下落不明的。

当然，还有一种个例，就是婚前或婚后，女方主动与他人发生两性关系而导致怀孕的，是否属于"确有必要"，学界有争议，不同法官有不同认识，这就只能靠法官自己说了算了！结婚不到一个月，却发现妻子已经怀孕 3 个月了。家住大连西岗区的韩先生遇到一件让他羞愤的事。一再追问下，其妻高丽承认婚前与前男友发生过性关系并导致怀孕。韩先生向法院起诉离婚，不料竟被驳回了诉讼请求。❶

最高人民法院 1955 年 5 月 18 日在给辽宁省高级法院的一个答复中明确：关于女方婚后与人通奸怀孕，男方提出离婚，是否适用《婚姻法》第18 条（注：指 1950 年《婚姻法》，现《婚姻法》为第 34 条）规定的问题，我们认为在这种情况下，男方提出离婚时，如婚后通奸怀孕的事实为女方所不争执或经查明属实，则法院应该受理，不适用《婚姻法》第 18条的规定。法院受理后，应否判决离婚，则应视具体情节而定，不能笼统规定。而且法院在处理时仍应注意对于妇女和胎儿的保护。男女一方婚前与他人发生性行为，应与婚后通奸行为加以区别，一般不能作为对方提出离婚的理由。

在该案中，高丽不是在婚后而是在婚前与他人发生性关系导致怀孕。因此一般不能作为对方提出离婚的理由。因为在这种情况下，婚姻关系尚未建立，男女双方还没有产生夫妻间相互忠实的法律义务。婚前性行为只是道德问题，不是法律问题。

法律还规定了该条的例外情形，即在此期间，女方提出离婚的，不受此规定的限制。女方自愿放弃法律对其的特殊保护，说明其本人对离婚已有思想准备，此时，不应加以限制，法院应根据实际情况判予离婚。

---

❶ 2007 年 10 月 20 日《新商报》。

离婚为什么

　　"怀孕不能离婚"的咨询如同管中窥豹，让我们看到了普法效果。今日的普法似乎已经走入了死胡同。如果普法内容浅显易懂了，似乎在讲道德规范，普通百姓并不比专职普法人员知道的少；如果内容讲深奥了，普通民众听不进，似乎普法者也在以其昏昏使人昭昭。民众的功利思想越来越严重，没有法律问题谁会关心法律？我们的普法方式似乎也值得探讨，寓教于乐似乎只是一句空话。特别是有些所谓的专家，把一个问题搞得悬而又悬，存心让老百姓不懂，更不用说喜欢和热爱了。

　　普法应当在贴近民众、贴近生活上下工夫，以生动活泼、寓教于乐的方式，使公众享受法律，感受法律阳光带来的温暖，而不是那种干巴巴的条文，不是内容枯燥、面目可憎的不知其意旨的法条讲解，相信其效果一定比动辄就搞的普法考试与竞赛、摆摊咨询、悬挂标语等形式，要有用得多，也深入人心得多。

　　如果再经过多年普法，还有人有"怀孕不能离婚"的想法，那说明我们的法律、我们的普法是在做无用功。

法官敢判离婚吗

理论上敢，实践中不太敢。

很赞同"经营婚姻"的观点。婚姻就是两个人合伙经营的契约。如果一方移情别恋，就是合伙人之一要"撤资"，另一个合伙人该怎么办？好合好散当然是最理想的选择。可惜生活多不如我等善良人所愿，特别是那些如秦香莲的弱女子，当初陈世美未发家时与他合资经营，现在他状元及第，家业发达，身价上涨了，要"悔婚男儿招东床"，这怎么能让秦女士"挥一挥衣袖，不带走一丝的云彩"？

自然，在现代法治社会，打官司来解决是当然之选。

相信许多人都想知道法官是如何判决离婚案件的。"感情确已破裂，调解无效"，就判决离婚，就这么简单。法律这东西，原来傻子也可以会啊。某个专栏作家不就说过吗，你们那个法律就是背背法条，还能称得上科学？真的是这样吗？

前些天晚上同几个西北政法校友吃饭，偶遇一位法庭的法官。我因为有事从顺德赶回迟到了。没想到，还有人比我更晚，就是那位法官。起因是：他手中有个离婚案子，女方坚决不同意离。女方的婆婆说既然小两口天天吵架，不如离了，各走各路；女方的公公说如果离，他就要与儿子的妈妈也离婚；女方说法庭要判离婚她就先把孩子杀死然后自杀。这已是男方第四次起诉离婚了。能判决不离吗？如果判决离婚，万一发生了悲剧，责任由谁来负担？

离婚为什么

　　延安五老之一、曾任最高人民法院院长的董必武曾经专门谈到过这方面的问题。当时，最高人民法院有一件离婚案件，迟迟没有下判，因为担心女方会自杀，而且当地群众对案件的处理有不同的看法。最高人民法院党组专门召开会议来研究这个案件。

　　董必武指出，法院判决案件不应当受当事人威胁的影响，在我们执行职务的时候，如果怕当事人自杀，就不敢下判，或者不按照法律来判决，这是不对的，法院判决案件不应当受当事人死不死的影响。他对处理这一案件，提出了两点要求：一是假如判决离婚之后，当事人真的死了，法院又是判得正确的，那她有什么道理可说呢？当然我们要设法避免死人情况的发生，但是在这个问题上，当事人是没有什么道理可说的。二是要做好所在单位和当事人的思想沟通工作，尽量做工作，但不要希望取得完全一致的意见，当然能取得一致的意见更好。

　　1984 年发生在河南郑州市金水区的一桩离婚案，至今重提起来，依然令人不寒而栗。原告王本立是河南省委宣传部一位处长，被告是他的妻子王永贞。1980 年 9 月，王本立第一次到金水区法院起诉，要求离婚。其理由主要有三条：王永贞在"文革"中曾写材料揭发他，对他进行政治陷害；平时在生活上不关心他；拒绝与他过夫妻生活。而王永贞则以王本立有"第三者"插足为理由不同意离婚。法院进行了长达两年的调查，尽管王本立的离婚理由是充足的，法院在 1982 年 9 月还是判处不准离婚。当时，王永贞十分感谢法院对她的支持。1983 年 9 月，王本立再次起诉离婚。办案人员发现这一年多时间里，双方还在分居，甚至连过年过节也不团聚。法院又分别给双方做了四次调解工作，均没有效果。对于王永贞一再坚持的王本立搞婚外恋的说法，王永贞自己拿不出证据，法院进行了认真的调查，也没有找到确凿的证据。1984 年 7 月 18 日，金水区法院民事审判庭对这起已经审理长达四年之久的离婚官司，开庭宣判。上午八时，准时开庭。不巧的是，审判长张景臣因病请假，临时由助理审判员侯树恩代替宣判。侯树恩宣读完离婚判决书，王永贞说自己没听清楚，他又重新宣读了一遍。王永贞铁青着脸，立即表示不服，侯树恩说你不服可以上诉，只要理由充足，二审也是可以改判的。正在这时，只见王永贞从手提包里掏出一个棕色的小瓶子，嘴对嘴喝了一口。侯树恩愣了一下，随即喊了起来："你干什么？快把它打掉！"坐在一旁的王本立刚刚反应过来，抬手将王永贞手中的瓶子打掉，但已经迟了。王永贞八时四十分服毒，九时十分送进医院抢救，当夜七窍出血而死。事情闹大了，第二天，王永贞在南阳老家的亲戚朋友来了五六十人，冲进法院，说法院把王永贞逼死了，又是散发传单，又是围攻办案人员，几千名群众聚集在法院外围观了四五个小时。《妇女生活》《中国妇女报》连续发表文章为死者鸣冤叫屈。王永贞的遗体存放在省医院的太平间里，亲属三年不许火化，一直由市财政支付存放费。金水区法院成了众矢之的，昔日威风凛凛的法官们，如惊弓之鸟，人人自危。为了给王永贞的亲属和社会一个满意的答复，本案的三位办案人员都受了很重的处分，调离审判岗位。

"王永贞离婚案"发生后，一位报告文学作家曾专门赴河南采访，他发现，"王永贞离婚案"更可怕的后遗症是：自王永贞自杀后，从 1984 年 7 月到次年 9 月，在大约一年零三个月的时间里，全郑州市各级法院发生了 112 起离婚案当事人用扬言"自杀"或"行凶的手段威胁审判人员，其中 73% 发生在城区法院，而在王永贞出事的金水区法院，一年多时间里没敢宣判一桩离婚案。

离婚，到了令人谈虎色变的地步！

郑州市中级法院民事庭庭长说，由于许多人要效法王永贞，明知许多明显地属死亡婚姻，也明知当事人已忍无可忍，但我们不敢判离，怕矛盾激化，就让它拖着，或者干脆判不准离婚，牺牲一方利益，以求保险。这样一来，连我们也怀疑自己，这样判不判离婚的标准，到底是看感情是否破裂呢，还是看会不会死人？❶

我在农村法庭工作时，一遇到离婚宣判，大家都如临大敌，非常关注女方的情绪和动作，有时甚至请村委会负责人到庭帮助工作。我老家法院也有过这样一个案件。法庭受理后，男方的父亲坚决不同意离婚，并找了

---

❶ 以上案例摘自陈重伊著《中国婚姻家庭非常裂变》第 267～268 页，中央编译出版社 2005 年 5 月第 1 版。

离婚为什么

市里面的领导出面讲情。法院两次判决"不准离婚",第三次再也不能驳回了,于是经审判委员会讨论,判离。到了宣判那一天,那位主审法官坚决不同意宣读判决,谁人愿意沾惹这种骚事呵!不得已,法庭的庭长亲自上阵。可能是老头没有想到法院真敢判离婚,一时没反应过来,当天无事。过了几天,经明白人指点,老头儿有了高招。每天一大早,就在这位庭长家门口等着,庭长一上班,他也跟着上办公室。你说让这位庭长怎么办公?庭长找院长,院长说我们法院有什么办法?反正他又没有过激行为,你就忍了吧!就这样的事,我们法官看了人人生气,人人自危!那两年,我们法院的离婚案件判决离婚的相当少。

法官也是人,谁愿意干吃力不讨好的事。法官虽然不是个好职业,但因事故丢了工作,也不是件好事。反正,当事人离与不离与自己关系不大。

美国著名的大法官霍姆斯说,"法律的生命在于经验而不在于逻辑"。老霍身为外国人,得来该结论估计与其阅历有关。而在中国为法官,则对"经验"应该更有体会,因为这是一条"法宝"。举个简单例子来说吧,如果看到当事人带着小孩子来法院,你一定要小心,注意确保"两人而来一双而去",万一看不好,家长开溜了,把孩子放在了法院,那就是麻烦事儿。还有这事?当然有。

2005 年天津市第二中级人民法院调解了一起离婚案。三年后,双方当事人的九岁婚生子丰丰(化名)竟被当成包袱踢来踢去,丰丰的妈妈第二次将其丢弃在二中院门口后一去不回。❶孩子放在了法院,是件头疼的事。因为法院不是福利院,不能接收孩子,还得"各回各家,各抱各娃,孩子找他妈"。但让放在法院的孩子回家,可不容易。审判员前往天津无缝钢管厂找在那里工作的孩子的妈妈。该厂负责同志说,丰丰的妈妈确实是在这儿工作,但是自从一个星期前就没再来上班。审判员还曾带着孩子回他奶奶和爸爸住在三义庄的家,敲了近一个小时的门就是没有人来开。当法院工作人员再带着他去同一幢楼里的姑姑家时,同样吃了闭门羹。这

---

❶ 2008 年 8 月 30 日人民网。

个可怜的孩子最终命运不知如何？法院又是如何处理这种烫手事的呢？均未见下文。

记得我初进法院，尚未当法官时，心高气傲，总认为自己有学历，看不起那些没有大学文凭的法官。但老庭长张泮玉就和我提醒过防止这种事（当时书记员可以审案，而且农村法庭多是离婚案），似乎我也遇到过一起类似事件，好在没有上面的案例那么麻烦。前康涅狄克州高级法院法官罗伯特·散特（ROBERT·SATTER）回忆说，他初为法官时，一位出色的同僚给了他两条忠告。这位出色的同僚会给他什么忠告呢？一条是开庭前先去上厕所。那另一条呢？另一条是不要把法袍穿在西服上边。❶

看来，年轻人入职法院，似乎应该再加上有中国特色的一条：谨防当事人把孩子放在法院！

看来，法官还是不太敢判决离婚。

---

❶ 於兴中著《法理学检读书》，海洋出版社，2010 年 6 月第 1 版，第 49 页。

第二次一定判离吗

答案：不一定。

2008 年 4 月起诉离婚，5 月 8 日判决不离。双方未上诉。2008 年 12 月 15 日二次起诉离婚，2009 年 2 月 16 日判决不离。双方未上诉。3 月发生家庭暴力，同月第三次起诉，5 月 8 日判离婚，对方上诉。7 月 11 日，中院裁定撤销一审判决并驳回一审原告的起诉。现第四次起诉为 9 月 8 日，法院不受理是为何？

这是 2009 年 9 月 9 日贵州安顺市政府网络上的一则咨询信息。

原来离婚这么难啊！偏偏这种情况现实中并不少见。

许多人在第一次起诉时，因为种种原因，法官没有判决离婚。法官解释说，六个月后再来起诉我一定判决您离婚。6 个月后，你满怀信心，再次走进法庭，这次法官该说话算话吧？没想到，你再次失望了！手捧不准离婚的判决书，你心里实在不明白：法官不是在糊弄我吗？

当然，法官没有错。《最高人民法院关于人民法院审理离婚案件如何认定夫妻感情确已破裂的若干具体意见》第 7 条规定：因感情不和分居已满 3 年（注：现行《婚姻法》修正为 2 年），确无和好可能的，或者经人民法院判决不准离婚后又分居满 1 年，互不履行夫妻义务的。可以此认定夫妻感情确已破裂，法院才可以判决准予离婚。实践中，也有法官认为，第一次法院判决不准离婚，第二次再起诉，法院就一定会判离。

但法官没有告诉你全面情况。第二次起诉离婚，法院依然会根据案件证据、庭审情况、《婚姻法》和相关司法解释，来审查夫妻感情是否破裂，只有法官认为破裂了，才会判决离婚，与第一次、第二次甚至第三次起诉离婚没有多大关系。

原告张某与被告温某结婚后于 2000 年 3 月开始分居，2001 年 8 月，张某向法院起诉离婚，法院以双方感情尚未破裂为由驳回了请求。次年 4 月，张某再次提起离婚之诉，一审法院判决准予离婚，温某不服上诉。在上诉期间，温某因与张某及其哥哥发生争吵和推打而受伤，并引发"心因性精神障碍"，二审法院以夫妻间有相互扶养的义务为由判决不予离婚。2005 年 5 月，张某第三次起诉离婚，最终法院以前述理由驳回了其请求。

2006 年 4 月 7 日，张某与温某的法定代理人达成协议：双方同意离婚，由张某支付扶养费、经济帮助金等共 185 000 元给温某，温某的法定代理人在收取张某支付的 15 万元后反悔，张某遂第四次提起离婚之诉。

庭审中原被告双方在温某今后的生活保障问题上针锋相对，被告认为补偿太少，而原告则认为被告之前已就人身损害取得了赔偿款，现在的补偿款只是基于夫妻间的扶持义务而给予的帮助，而且大部分是其借来的，已经竭尽所能，如被告不同意离婚则要求返还 15 万元。

法官考虑到双方已分居近 6 年且原告数次起诉离婚，夫妻感情确已破裂的实际情况，认为现存婚姻关系已完全不能为被告生活和治疗提供帮助和带来便利，从而初步确立了调离的基调。但原、被告双方在具体数额上互不相让，经多次调解仍未能达成协议，故法官依法作出离婚判决。

宣判后，被告温某的法定代理人准备提出上诉，但同时又担心诉讼时间过长，即使判决生效也难以保证原告按时履行，从而可能会给温某的生活带来不便。法官从更好地维护弱势群体合法利益的角度出发，及时把握这个契机，在案件宣判后专门召开判后答疑，一方面做好息诉服判工作，另一方面尝试主持双方当事人进行执行阶段的和解工作。最终原告同意支付 19 万元，并同意将婚姻期间的电器、生活用品等夫妻共同财产归被告所有。被告也接受了这一和解条款。在法官的主持下，原、被告双方签订了执行和解协议，原告当庭付清了全部余款 4 万元。

这是我熟悉内情的一则离婚案件。大家看，离婚可真不容易。

离婚为什么

　　一般来讲，对于以下几种情况，即使第二次起诉，法院也会很慎重考虑是否判离。

　　一是军婚的。军婚受到保护，这是新中国成立之前就形成的原则，现在依然规定在现行法律之中。对于军婚，如果没有法定判离的情节，军人一方又坚决不肯离婚，即使是第二次起诉，法院判离的可能性也不大。

　　二是当事人住房困难的。若当事人离婚后住房没有着落，考虑到当事人的实际生活问题，法院也会格外慎重。在改革之初，上海就发生过这样的一个案件，六次起诉后法院终于判离了。可双方已经垂暮之年了。本不愿意离婚的女方最后说，如果你们法院趁我年轻时判离，我还有活路。你说，这法院两头不赚好，是不是思路得改革才行?!

　　三是老年人离婚的。老年人离婚，涉及的法律和实际问题较多。一般老年人，特别是60岁以上的老年人离婚案件中，一方或双方往往已没有工作，退休在家，也没有能力再购房，离异后，很难再婚。对于老年人离婚的，若另一方坚决不同意离婚，法院判决也会相对慎重。

　　四是一方当事人有特殊生活困难的。比如，一方有工作能力，收入较高；另一方没有工作能力，或基本没有收入能力，但为家庭作出了较大贡献。一旦离婚，另一方没有收入来源，这种情况下，即使一方第二次起诉离婚，但法院还是会以调解为主，慎重判离。

　　五是一方当事人情绪激动，易作出极端行为的。比如，以自杀、无理上访、投诉等方式给法官和对方当事人施加压力的，法院一般还是要酌情考虑这些因素的。

　　当然，法院一而再、再而三判决您不准离婚，您也别泄气。世界上只有结不成的婚姻没有离不了的婚姻，只要想离婚，离婚仅是迟早的问题。但这需要一个过程，需要掌握一定的技巧，第一次判决不准离婚的，不要急着半年后就马上提起第二次离婚，第二次起诉前还应当继续准备离婚的证据，根据案件具体情况，做好充分准备，切不可大意。

　　只要工夫深，铁杵磨成针。离婚也是如此。

床头吵床尾好吗

如果能协商，我们还用到法院离婚？

经过了立案、送达、答辩、庭前证据交换等诸多环节，你的案件终于在法庭开庭审理了。

经过法庭调查、法庭质证、法庭辩论，你似乎看到了曙光。

"原告/被告，你是否同意调解？"审判长/员的一句话，把你从美丽的理想境界拉回了残酷无情的现实中。

调解？如果能调解，我们还用到法院离婚？直接去民政部门多省事啊。看到你的不解，法官也笑了。

调解是审理诉讼离婚案件的必经程序。即使起诉前已经婚姻登记机关、街道组织调解过，人民法院受理案件后，仍应进行调解。因为《婚姻法》第 32 条第 2 款规定："人民法院审理案件，应当进行调解……"。法院受理离婚案件后，首先应当进行调解，不经调解就直接进行判决是违反法定程序的。

为什么要调解啊？适用调解程序，其目的在于防止当事人草率离婚，以及在双方当事人不能和解时，有助于平和、妥善地处理离婚所涉及的方方面面问题。在婚姻生活中，双方难免会有一些冲突和纠葛，有时逞一时之气，就会使矛盾扩大，冲突变得激烈，由此一些尚未达到不能共同生活程度的婚姻当事人也要求离婚。由法院进行调解，可以促使双方当事人平息怨恨、减少敌对，对自己的婚姻状况和今后的生活进行充分的考虑，珍惜自己与配偶的婚姻关系。

这是婚姻法教材上说的。至于实际情况，可能各案各不同。

法官问你，同意调解和好吗？你摇头表示否定。法官又问你，同意调解离婚吗？

原来，即使调解和好不成，双方还是坚持离婚的，也可以调解离婚。

于是经过诉讼中的调解，会出现三种可能：

第一种是双方互谅互让，重归于好。法院将调解和好协议的内容记入笔录，由双方当事人、审判人员、书记员签名或者盖章，协议的法律效力至此产生。就像上面的例子，你们俩回家继续过日子去。

第二种是双方达成全面的离婚协议，包括双方同意离婚，妥善安排子女今后的生活、合理分割财产等。法院应当按照协议的内容制作调解书。调解书应写明诉讼请求、案件的事实和调解结果，并由审判人员、书记员署名，加盖法院印章。离婚调解书经双方当事人签收后即具有法律效力。

第三种是调解无效，包括双方就是否离婚或者子女抚养、财产分割等方面达不成协议，在这种情况下，离婚诉讼程序继续进行。

必须要告诉你，通过调解达成协议，必须当事人双方自愿，不得强迫；调解也不是无原则的，而应当本着合法的原则进行，调解协议的内容不得违反法律规定。

但在各地法院，各有各的调解高招。法院对于各种纠纷，应该是能和解的尽量和解，不要生硬或随意地加以"拆散"。对于没有可能和解的当事人，也不必勉强或强制和解，避免给他们造成更大的痛苦。特别是强制性的调解，往往会造成很大的恶果。童养媳林玉春的自杀，就是一个沉痛的教训。

根据《民事诉讼法》第 85 条和第 91 条规定，人民法院审理民事案件，应当根据自愿和合法的原则进行调解；调解不成的，应当及时判决。该规定主要是为了解决审判实务中长期存在的重调解轻判决、压服式的非自愿性调解、"和稀泥"式的无原则调解问题。可以说，无论是法官还是人民，天下苦"调解"久矣。

《人民法院报》报道，为保护妇女儿童合法权益，四川某县法院慎重审理夫妻离婚案件，将调解贯穿于审理全过程，耐心做好和解工作。2006

年上半年，该院共受理离婚案件 200 余件，已使 112 对夫妇重归于好。

这个 56% 的和好率说明了什么？说明了大多数原告都没有"得逞"！

这 112 对到底是该调解和好还是判决不准离婚？这两种情况是完全不一样的，它们各占多少比例呢？在许多基层法院，一些法官为了减少麻烦（如一方坚决不离，判离的话可能会带来上访甚至人命），可能首选是判不离，更有部分法官甚至为了快结案或省事起见更喜欢判不离，还有一些法院和法官以一次判不离第二次才判离为准则。

判决不离后真正重归于好的又有多少呢？有些案件调解和好了，可能算夫妇重归于好；对判决不准离婚的，也算重归于好是否合理？我办过此类案件，也研究过这些问题，发现判决不离的重新起诉率大约超过 90%。人看人越不顺眼越看不上，两个人都闹到公堂上了（在我国，特别是农村，不到不能忍受谁会随便上法庭闹离婚），还有什么重归于好可说呢？

更重要的是：难道说不离婚就好？

我们国人是有"宁拆千座庙，不毁一家婚"之说的，相信大多数法官也有这种思想。但我认为，没有感情的婚姻是不道德的，死把两个人捆绑在一起不会有感情。一个偶然的机会，一位大姐曾对我讲述了她职业人生中的一段灰色经历。她在法院工作期间，曾经办过一个离婚案件，当时她利用庭前调解的机会，动之以情、晓之以理，感化了那对夫妻，使他们放弃了离婚的想法。她为此受到了领导的表扬，自以为积了"功德"，因此很开心，还有些自得。但没多久，那对夫妻家庭矛盾再次升级，年轻的妻子绝望之下自寻短见，撒手人寰。大姐得知后悔恨不已，她对我说，如果当初判决他们离婚，也许就不会发生今天这种悲剧。对此十多年来她一直耿耿于怀，成为自己职业生涯中永远也抹不去的心病。

我一直持偏激的观点，当事人到法院起诉离婚，一般情况下法院应当准许。因为复婚比现行离婚要简单和便宜得多。也许两个人分开一段时间，失去了才知道珍惜，失去过才知道重要，两个人感情会更好呢，何必在法院环节苦苦相逼？

因此高和好率不一定代表当事人是草率离婚，而且也不一定是好事。

离婚案要调解，但千万别在执行中走了样。

打离婚要注意安全

最痛苦的是人没了，婚还没离。

26 岁的北京女子董珊珊于 2008 年下半年结婚。2009 年 4 月，因家庭暴力她到法院起诉离婚。结婚后董珊珊多次被其丈夫劫持、殴打，她于 2009 年 8 月 11 日逃出，8 月 14 日住院治疗，10 月 19 日在医院死亡。2010 年 7 月 2 日，朝阳区法院以其夫犯虐待罪，处有期徒刑六年零六个月。判决作出后，董珊珊的母亲表示强烈质疑，"赔上我女儿一条命，他只坐六年半的牢"。

在这起家庭暴力致死案中，国家力量的干预力度令人失望。董珊珊的母亲称，在数次关于女儿遭遇家暴的报警中，她得到的回复大致都是"不好管"，以致董母在一次报警中哭诉："次次报警你们次次都说是合法夫妻，可是他们不是一般的夫妻，我闺女会被打死的，是不是早晚有一天我闺女被打死了你们才会管？"

一语成谶。

普遍观点认为，夫妻有感情基础，可能今天打，明天就好了。尤其当被害人流露出犹豫时，民警更愿意对这样的"家务事"退避三舍。所以，不能像保护其他罪行的受害人一样保护家庭暴力受害人，造成我国对家庭暴力怠慢和姑息的执法现状。

现代社会生存压力较大，家庭成员为了生活而打拼，更重要的是公民的思想观念、生活方式和行为日益多元化，因此两个人在同一空间内难免要发生冲突。言语较量之后，有时还需要拳头说话，夫妻如此，家庭亦是。毕竟都工作、都劳累，谁做饭、做何饭、谁洗碗等现实问题确实可能存在争议，现实的婚姻可不是琼瑶著作中那种不食人间烟火的情感秀。这种矛盾处理不当或不克制，极易形成家庭暴力。

家庭暴力是各国普遍存在的社会现象，由于家庭暴力的受害对象主要是女性，家庭暴力已经成为全球普遍关注的妇女问题之一。我国封建传统深厚，家庭暴力根深蒂固，受害范围广，危害程度深，受害者中妇女更是占绝大多数。近几年虽然制止家庭暴力的呼声愈来愈高，但几千年历史所沉积的文化、传统、习俗不可能仅凭几部法律、法规就可以根除的。至今许多人，包括部分受过高等教育的男人，头脑中"男尊女卑""打老婆是家务事不犯法"等观念依然根深蒂固。同时，因执法机关对"床头打，床尾好""清官难断"的家务事不予置问，使一些可以解决在萌芽状态的家庭暴力趋于激化。凡此种种，都说明这项工作的重要性和难度所在。

2008 年，最高法院中国应用法学研究所发布了《涉及家庭暴力婚姻案件审理指南》，明确法院可以以裁定的形式采取民事强制措施，保护受害人的人身安全。但我国的人身保护令依附于离婚诉讼，是为确保诉讼程序正常进行而采取的民事强制措施，这意味着受害人要获得人身保护裁定，必须提起离婚诉讼。而且该《指南》目前仅仅在全国部分法院试点，各试点法院总共也只发出 100 多个人身保护令。即使是法院内部的法官，对这个制度的可行性也持有争议。

凡此说明，在离婚中自己的人身安全，更多还要靠自己。这绝对不是危言耸听。

2009 年 5 月 26 日中午十二点三十六分，在距离云南嵩明县城约 20 公里的滇源镇白邑法庭后院内，一男子挥舞镰刀砍伤两名女子，其中一人死亡。犯罪嫌疑人邓加喜与受伤女子杨昌美是夫妻，死者张丽平系杨昌美的表妹。当天，因邓、杨两人的离婚官司将在下午一点开庭，双方及亲友提前来到白邑法庭的后院等候。此前邓加喜一直劝说杨昌美不要离婚，但被拒绝。

因妻子起诉离婚而杀妻，这样的案件曾多次发生。一个女孩子为了追

离婚为什么

求幸福，摆脱婚姻的羁绊，结果反而送了性命，让人感伤不已。于是网上议论纷纷，大部分网民指责法庭干警保护不力，什么不入耳的话都有。普通民众真的不了解我们的基层法庭。一个法庭，4～5人，一部警车，一年 300 件左右案件，这是全国平均的法庭状况，东部发达省份的情况要稍好些。但恐怕还没有哪个法庭有 2 名以上的法警，也没有哪个法庭配有枪械。你让法官怎么样赤手空拳保护当事人？

想起 10 年前的往事。大约是 1999 年，我在一处乡镇法庭工作。乡镇法庭受理的离婚案件不少。一般来说，我们会根据原告的起诉，分情况区别对待。遇有暴力倾向的男方，往往会特别注意，如对其进行心理疏导、法律警示甚至要求其家人一同到庭，或者邀请当地的村委有关领导进行调解，而且特别告知男方不能在离婚诉讼期间殴打女方，否则要追究法律责任云云。这些口头警告措施一般来说还是可行的。因为那时老百姓普遍有怕官的心理。

但总有不听话的。有一天，上午开庭调解一起离婚案。这种案件往往是先调和好再调离婚的。我当时是书记员，调解和好没成功，快到中午了，审判员宣布休庭，另定时间再开庭。签好笔录，先让女方先走，并再次告诫男方不能对女方有威胁、殴打等行为。男方口头承诺。估计女方已经快到家了才送男方出了法庭。

从食堂吃完午饭，刚刚回到办公室。接到那个女孩子打来的电话。"法官，××要打我。""我在饭店吃饭，他找到了我，他说同意离婚了，并说和我来法庭调解离婚，我们在法庭门口，他开始威胁要打我"。我未放电话，立即报告在一边的庭长。庭长说，"让她打 110 报警"。一会儿，她又来电话了，"110 说在法院审理的案件，他们不能管，该你们管，让我打你们法庭电话！"不得已，庭长领着我往大门口跑。我们俩可是手无寸铁呀，法庭哪有所谓的警械呀！见到男的，庭长大喝一声，"你要干什么！"吓那小子一跳，"我想让她回家过日子，她不想回，我吓唬她一下"。看样子问题不大，庭长和我把他们喊进法庭，又做了一些说服工作。

十多年间，我多次想起这个案件。多么危险呀！如果说万一，这就与云南惨案一样！

120

可是，作为一名普通法庭工作人员，你赤手空拳，到底有多少办法呢？不能说法官不关注百姓的生命，可法官的自身生命安全也难保呢（全国发生过多起杀害法官案件）。

发生在农村的离婚案件，较为常见的是：在审理离婚案件的过程中，女方坚决要求离婚，而男方坚决不同意离婚，男方为了阻止女方的离婚诉讼，在开庭时带人抢走女方；有的离婚案件，女方离家出走长期不归杳无音讯，一旦向法院提起离婚诉讼，男方便纠集一帮人抢走女方。这更要靠当事人的自我保护了。

1988 年 4 月 26 日晚 11 时许，陕西省礼泉县烽火村接待站北平房一间黑屋里传来一阵阵撕心裂肺的呼救声。村民武芳被仰面抢倒，有人骑在她的身上，有人抓住她挣扎的双手，在短暂的撕扯扭打过程中，一种液体朝武芳迎面倒下，随着便是强烈的烧灼感。液体顺着武芳的头颅，流进武芳的耳朵，流进武芳的眼睛，又顺着脸颊和脖子往下流……之后，有人撩起她的毛衣，有人将罪恶的液体往她的胸部、腹部倒……1981 年，24 岁的武芳由父母包办，十分不情愿地嫁给了烽火村的王茂新。结婚一年多有孩子后，王、武夫妻关系恶化，没完没了地吵，没完没了地打，不堪忍受丈夫殴打的武芳没完没了地逃。1987 年，武芳逃到了陕西韩城市，待了近一年后被骗回村中。当天晚上，便发生了罪恶的毁容、毁身伤害案。案发三年后，青年作家卢跃刚七下咸阳，突破重重障碍取得丰富的第一手资料，历时五年，写出了长篇报告文学《大国寡民》。

不只是离婚中要注意安全，离了婚仍然要谨慎，所谓"好人怕缠汉"。

有"世纪审判"之称的辛普森杀害前妻案，能证明辛普森是真凶的证据不少：其一，在其住宅发现死者血迹；其二，他不能说明案发时身在何方；其三，其手掌有割伤痕迹；其四，其有虐妻记录。总之，定罪证据颇为充分。但是该案也存在很多疑点，特别是对被告人辛普森的手穿不进血手套，导致法庭裁决辛普森两项杀人罪名均不成立。而逃脱法网十多年后，辛普森在新书《如果我干了》中，细述"杀妻"经过，在全美再度掀起轩然大波，更让其前妻冤魂难安。看来，婚当然要离，身体安全不可忽视。

不过，就在本书付梓之即传来好消息。

1991 年，重庆酉阳县钟雯雯和陈国川在新疆务工期间恋爱同居，1994 年育有一子。2009 年 12 月，钟雯雯向法院起诉离婚。离婚判决生效后，陈国川拒不迁出与钟雯雯的家，还要求与其同吃、同睡，并以钟欺骗自己为由，威胁、殴打钟雯雯。2010 年 4 月，钟雯雯向重庆酉阳县法院提出强制执行申请，要求陈国川搬离其居住地。尽管如此，离开钟雯雯家的陈国川仍借探视小孩为名到其住处骚扰，并提出不许钟从事美容美发行业、不许另嫁他人等要求。5 月，不堪忍受的钟雯雯在当地法院申请人身保护。

经审查核实，法院认定钟雯雯在离婚后遭受家庭暴力，遂向陈国川发出人身安全保护裁定，禁止陈国川骚扰、跟踪、威胁、殴打钟雯雯，或与钟及其未成年子女进行不欢迎接触，禁止陈国川在钟雯雯工作地和住处的200 米范围内活动，并要求陈国川未征得子女同意不得到钟雯雯家中探视等。据了解，陈国川在收到人身保护裁定后，未继续骚扰和威胁钟雯雯。"这是全国第一例离婚诉讼后发出的人身安全保护令"，重庆高级人民法院介绍说。从 2010 年 7 月起，重庆已发出 12 份人身安全保护裁定，对家暴受害人的救济变得更加及时、直接和有效。❶

尽管如此，我们去打离婚时仍要注意自身安全，自己多长个心眼儿，没错的！

---

❶ 2011 年 3 月 8 日《羊城晚报》。

需要给法官送礼吗

能不送就尽量不要送。

某留学生在英国打官司，让英国律师去给法官送礼。律师说："万万不可，你这官司胜诉可能性非常大，送了你肯定会输！"过了几天，官司判决下来了，正如律师所言，果然胜诉了。律师很高兴，留学生却说，"我早知道是这个结果了。""Why?""因为我向法官送了礼"。送了礼官司却赢了？这下轮到律师发呆了。律师百思不得其解，留学生说："我给法官邮寄了包裹，但地址写的是对方当事人的名字！"

呵呵，有什么能难得住智慧的中华民族呢？

在中国这个"熟人社会"，人情关系网在社会生活中无孔不入，坊间更是自古就有"人情大于王法"的说法。即使在现代法治社会，司法奉行独立审判，法官也往往要陷入律条与人情的漩涡中，受到形形色色外界因素的干扰。往往一个案子还没有立案，双方当事人就都到法院来托人情，所谓"官方一进门，原告被告两家都找人"。"如果自己不找关系就会吃亏"已成为普遍心态。

中国人传统的"官不打送礼人"思维，使得当事人觉得办点事不找熟人、不送礼似乎不行。打离婚官司也差不多。不能不让人佩服，诸如请客、送礼、给好处等不成文却心照不宣的行事方式，已得到大多数人的默许和遵守，成为相关法律法规之外的另一套行为准则和规范。在依法治国方略高歌猛进的十年中，有一个词与之俱生，那就是"潜规则"。这个词最初来自吴思先生的《潜规则：中国历史中的真实游戏》。令人深思的是：即便就在书中，吴先生也并没有给出"潜规则"的确切定义。学者没有给出定义并不影响这个词在影响我们的生活。因为这个词已经深入到我们的日常生活中。我们不知道还有多少类似的潜规则需要抵制。而根治潜规则之路漫漫又长远！

《红楼梦》"葫芦僧乱判葫芦案"中的主角贾雨村作为徇私枉法的典型遭人唾弃。豪强逞凶、小民冤屈，惟一的指望就是法官大人能主持公道、伸张正义，然而审理此案的贾大人并未满足我们对"青天"的想想和期待。贾雨村作为司法官，他知道案情原委，也知道按律当如何处断，但在那个深谙官场规则的门子点明利害后，却放弃了自己的是非标准和公正判断。

尽管大多数法官是清正廉洁的，但确实可能有个别法官贪赃枉法，不收钱不办事。其实，不但没有理的人送，而且有理的人也送，因为你不送，有理官司就输了！当然，送了礼，也不一定能把黑的说成白的，因为法律还是有一定规矩的。但你仍然要送，为何？为求个心理上安慰吧！人家都送，自己不送不行呀！

2009年1月8日起最高人民法院施行了关于"五个严禁"的规定，严禁接受案件当事人及相关人员的请客送礼，依纪依法追究纪律责任直至刑事责任。从事审判、执行工作的，一律调离审判、执行岗位。不客气地说，如果说真因为接受当事人的宴请就调离审判、执行岗位，可能现在怕是没有人再从事这两个岗位了！我这样说，是不是打击面太大了点？但愿有反例。

吴朋侵占了朱二的一块园地，朱二没有方法争回来，便到法院起诉。吴朋一面买通了几个邻人，叫他们证明园地是吴朋的；一面送五百元给法官，请法官帮他。开庭的一天，法官问吴朋，"你的证人呢？"几个被吴朋买通的邻人，便出来证明。法官又问朱二："你有没有证人？"朱二道，"没有"。法官便拿出吴朋送给他的五百元，说道："这个可以替你做反证。如果吴朋没有侵占你的园地，何必私下送钱给我呢？"说罢，就判决园地

归还朱二，那五百元捐给慈善机关。❶

不过，这种故事放在现实中不一定准确。因为我们中国人有遇事找熟人的习惯。这在乡土社会中，当然是难免的事。无理要送礼，有时有理仍然要送礼，为的是求个保险！

打官司不送礼行不行？

理论上讲，打官司就是请法官居中裁判。法官相当于原来农村中的乡绅阶层。乡绅往往是有点钱、有点闲、有点名望的士族。村里人有矛盾找到他们，他们一说和，矛盾就消失了。你能想象他们会收双方当事人的礼物吗？不可能的！因为他们的名声很重要。甚至于他们为了调解或者调解结案后，可能出资请双方吃个"说和饭"。可惜，我们今天的乡村已经没有了乡绅这个阶层。

人民群众对法院工作有意见，主要是因为审判工作效率不高，裁判不当，服务态度差。对大多数百姓来说，判决对方赔偿 5 000 元与 10 000 元似乎并没有多大的差别。因为现在打官司，就像是争一块蛋糕，法院只管切蛋糕，而不管做蛋糕。也许等到蛋糕真正分下来以后，它已经发霉变质了，当事人也得认这个结果。这就是司法的局限性所在。

那为什么老百姓还不满意呢？我个人认为主要原因在于法官与我们人民群众的沟通不力。现在的法院真正成了"衙门口朝南开，没有证件进不来"。现在我们的人民想进人民的法院，不但要经过层层的门禁，而且要事先和法官电话联系，可以说要见个法官要多难就有多难！不信，你可以随便去一家法院试一试！当然别说立案法官，那是形式审查，他们是迎宾！相对一般行政机关而言，我们老百姓现在是"门好进、脸好看，事难办"；而对法院，则真正是"门难进、脸难看、事难办"，这样的服务态度难免我们老百姓要用脚投反对票了。

很多人认为人情是中国法治的大敌，主流社会在表扬那些英雄模范的事迹时总说他/她公正无私、六亲不认，把他们打扮成不食人间烟火的圣

---

❶ 这是世界书局国语读本中《正直的法官》一文。魏冰心等编，上海科技文献出版社 2010 年 12 月版。

人，其理论根据在于"法不容情"。偏偏他们忘记了一句古老的格言，"法律不外乎人情"。法律体现在人情之中，人情也就在法律中充分反映。应当看到，司法不可能回避与民众的关系，但确实有法官可能在达到"亲切"与"随和"的同时失却了职业所必备的"庄重"与"严肃"。说实话，这个问题我当法官时也没解决好。但必须要强调，良言一句三冬暖，恶语伤人六月寒。现在许多当事人对法官的不良看法不是因为法官法律水平不高（很多是博士、硕士，通过了司法考试），更多是因为法官说话难听，态度生硬、语言粗鲁。这样的法官，不用说老百姓生气，估计老百姓杀了他们的心都有。

当然，法官也是人，与我们普通人无异，只是懂点法律、日常以司法为业而已。对一般人来言，不收礼物给人办事的人，这是最好的人；收礼物给人办事的人，这是较好的人；既不收礼物也不给人办事的人，这是算好的人；收礼物也不给人办事的人，这是最坏的人。所以，相信普通民众对法官的吃喝玩乐基本上是能够接受和容忍的，因为民众有个心理预期和调节能力。但对既当婊子却偏偏又立牌坊的人，我们民众肯定不答应，不喜欢。

2008年年初，甘肃省金塔县居民王某因和妻子魏某感情破裂向金塔县法院递交了离婚诉状，崔某担任该案的主审法官。其间崔某吃了原告吃被告，先后收下王某送来的现金3 000元和魏某的现金1 000元，并5次接受魏某及其亲属的吃请。5月26日下午，崔某在自己的办公室向魏某宣读判决书。魏某得知判决结果气愤不平，认为崔某收了自己的钱，吃了自己的饭，但对自己和王某的共同财产分割却很不公平，而且只给自己判了一些欠条，于理于法都不合适，当即在崔某的办公室内哭泣吵闹，并拒绝接受该判决。5月27日上午11时许，感到绝望的魏某在家中喝下农药"矮壮素"后自杀身亡。原本普普通通的一起离婚诉讼案，却由于崔某的贪赃枉法而闹出了人命，这一事件在当地传开后，引起当地百姓的愤怒。9月11日，崔某被金塔县检察院以涉嫌民事枉法裁判犯罪为由批准逮捕。

我们知道，一般说来离婚案件无错案。但这位前"法官"，就为这么一个离婚案件，吃了原告吃被告，而且逼死人命这样的人，不用说当法

126

官，就是做人也不合格！

万一遇到这样的法官，送不送礼就是个难题。

尽管最高人民法院言之凿凿，严禁当事人、律师与法官"三同"办案（同吃同住同行），但具体效果，可以说等于没说。去外地出差，当事人或律师不跟从，法院的经费中哪能有这笔开支？至于说拿票据给当事人回来报销，这不是给当事人投诉的把柄吗？就我所见，法官在当事人或律师的陪同下出差应是不争之事实。至于说出差时，法官一点光也没沾，骗小孩子他们也不信。因为那样做，当事人不满意，我们的生活常识也不答应！

知名学者唐逸有一篇文章谈到"禁区"。他说，曾经在大学里参加会议，跑到洗手间，那里极尽豪华之能事，却偏偏没有烘干或擦手设备，只在昂贵的窗帘旁边贴了个条子："禁止用窗帘擦手"。于是教授们只好用窗帘擦手了——这天底下的"禁区"或者"禁令"，大抵如此。

我当然知道，基层个别法官是有些问题的；但我凭着12年的法院经历知道，大多数法官还是不错的。

话归正传。碰上索贿的法官，你坚决不要屈服。特别是财产不多的离婚案件，无非是你想离婚他判决你败诉（不准确离婚），那没什么，过六个月再起诉就得了。

当然，你如果为了自己的利益一定要送，我也没意见，因为这是你的自由。

媳妇跑了怨谁

媳妇跑了，麻烦留给了你。

"跑了媳妇怨四邻——找错了对象"，这是我老家和一句歇后语。对男人来说，自己的媳妇跑了，当然不是好事。遇到这样的事，我们农村人喜欢找邻居，有人埋怨邻居没有帮忙看好，有人埋怨邻居关心不够，就更不用说那些被邻居大哥拐带私奔了的！总之，你得找个她跑了的理由，而且这个责任不该你承担！

不只中国有此事。在荷兰最高法院 1987 年 1 月 23 日的判决中，被告的锻锤击穿了邻居夫妇住宅的一堵墙。他们不得不暂时搬出，住在一人群混杂的旅馆里。妻子无法忍受这一状况，两人离婚了。荷兰最高法院认为，这一结果不是被告造成的。看来，荷兰也有"跑了媳妇怨四邻"的人。

2005 年 8 月，浙江省丽水市中院法官唐永新下派到三仁畲族乡挂职，发现村民们普遍缺少法律知识，于是产生了创办农民法律夜校的想法。在第二期法律夜校上，唐永新采取了问答式上课。这一次村民反应非常热烈，把一个个关系切身利益的法律问题抛出来了："我买了个媳妇，花了3 000 元钱，结果媳妇跑了，这钱我怎么拿回来？""我儿子不管我了，我怎么办？"针对具体问题，唐永新一一讲解相关的法律知识，村民听

得津津有味。❶

就农民提出的这两个问题,不知道这个唐法官是怎样解答的?我想是不好解答的。

先捡简单一点的说。赡养问题相对容易一些。如果是我解答,当然可以通过调解、诉讼方式解决,这都不难,关键是如果该老人的儿子生活特别困难怎么办?我在农村法庭工作时常遇到这种情况,儿子家或遭天灾或遇到人祸,自己都吃不饱受社会救济,他拿什么来养父母?当然这只是个别情况。

再说第一个问题。花钱买媳妇,钱花了人跑了这种事在农村不少见。

今年35岁的济南市仲宫镇木家村人张先生看到村里大龄单身汉都托"中间人"高价从云南买来媳妇,有的被骗,有的真能把女子留下,还生了孩子。他抱着一线希望,找到村里的"中间人"——一名40多岁的云南女子,多年前,她也被卖到村里,已经生了两个孩子。"她承诺给我找一个20多岁的女孩做媳妇,但要支付2.5万元费用,如果女孩逃跑,她会退钱。"张先生说,他答应了对方要求。后来,"中间人"带回来一个叫"阿今"的云南女孩。相识当天,两人挺谈得来,"阿今"答应做他的媳妇。他按照事先约定,将2.5万打到"阿今"口中的"父亲"卡上。认识当晚,他和"阿今"发生了关系,第二天一早,"阿今"突然提出要走,原因是她已经有了男友。无论他怎么挽留,对方坚决要走。张先生见状,只好将她送到了"中间人"家里,并索要2.5万元,但对方说拿不出这么多现金,眼见人财两空,他只好报警。❷

我们知道,购买妇女的行为触犯刑法,但买者如果不违反被卖妇女意志,不阻挠其返回居住地,不阻碍公安机关解救,可以不追究买者的刑事责任(注意:是可以而不是必须)。另外,如果被卖妇女与卖者合谋,以介绍婚姻为借口,骗取买方财物的,被卖妇女和卖者属于共同犯罪,构成诈骗罪。这就是民间所说的"放鸽子"。

---

❶ 2006年6月5日《人民法院报》。
❷ 2010年3月23日《济南日报》。

离婚为什么

怎么办？媳妇跑了，告她无门；有的好一点有介绍人，找人家去，人家说我只是个媒人，中间赚个跑腿钱。你告他，也不一定胜诉，因为买媳妇本身违犯国家大法，法院会给个驳回诉讼请求，不但胜不了还搭上诉讼费。就是以后抓住了放飞鸽的人贩子，也不能提起刑事附带民事诉讼，估计这 3 000 元钱通过正当法律途径讨回来的可能性不大（有些是抓住人后自己逼人贩子往外吐钱，这是私力救济，合法性值得商榷）。

我在农村工作时，也常有人向我请教这类问题，我只能告诉他们自认倒霉罢了，有些人还因为买卖婚姻搭上性命呢！我只能安慰他们，尽管他们不一定满意（钱没拿回来，一般都是上万元），但他们觉得心里有些明白，因为这事违法！

当然，即便是买卖婚姻（涉嫌拐卖人口犯罪因素），如果进行了合法登记，仍然可以提出离婚。2007 年 7 月 1 日，原告丁龙云、被告胡休莲经人介绍相识。7 月 4 日，二人到金溪县民政局领取结婚证，双方在一起共同生活了 3 天。7 月 7 日，两人到被告户籍所在地湖南省邵阳市办理户口迁移手续，但是被告在旅馆住宿的当晚就出走了，并带走了原告的身份证、结婚证，现金八九百元及订婚钱一万元整。原告四处寻找，并到媒人处询问，均无法打听到被告的下落。法院经审理认为，原、被告相识不到几天就办理结婚登记，且婚后生活三天被告就出走，婚前缺乏感情基础，婚后又未建立真正夫妻感情，夫妻感情确已破裂。据此，2008 年 7 月 2 日，江西省金溪县人民法院一审判决，准许原告丁龙云与被告胡休莲离婚。❶

这样结合与分离的节奏与速度，估计比刘翔跨栏差不到哪儿去。当然，这个案例有其特殊性，我倒怀疑女方骗婚的可能性较大。如果属实，那我们是立即解除这种婚姻关系让男方重结连理好呢，还是给一定的期限不允许离婚好呢？这不是我个人多虑，是那些建议增加离婚难度的人这样提议的。

当然，媳妇跑了，对那些想离婚的男人来说，还有个难题，就是诉讼

---

❶ 2008 年 7 月 3 日《人民法院报》。

管辖问题。半年前，24 岁的浙江淳安女孩刘某在杭州打工认识了比自己大 3 岁的陈某。两人感情发展得很快，双方于 2008 年 3 月初在淳安登记结婚。婚前，陈某答应入赘刘某家中，将户口由广西迁入淳安县。但是就在办完婚礼后没几天，陈某消失得无影无踪了。由于事先没有任何征兆，刘某无法与陈某及其家人取得任何联系。无奈之下，她只好到法院起诉要求与陈某离婚。淳安县法院以该院无管辖权为由，作出了不予受理的裁定。来自淳安县法院的数据显示，今年以来，该院共对 9 起类似离婚案件作出了不予受理决定。其中只有一起原告为淳安本地男子。其他均为外地男子入赘后，由于各种原因对婚姻不满而离家出走。❶

结婚没几天，新郎不辞而别。无奈之下，新娘选择离婚，但向法院递交的诉状却未被受理。丈夫都已经找不到了，想离婚偏偏法院还不予受理呢？这不是雪上加霜吗？

这是为什么啊？

我们分析这一类无法受理的离婚诉状，一般具有以下几个特征：当事人办理过合法婚姻登记手续；要求离婚的一方为本地人，另一方为外省人；出于种种原因，对方的户口一直未迁入本地；婚后，经过一段时间共同生活，被告即一走了之，音讯全无。

根据《民事诉讼法》第 23 条的规定，如果这一类诉讼要在本地法院进行，原告必须能够拿出下列其中一项证据：被告下落不明或者宣告失踪；夫妻双方均离开住地超过一年；法律规定的其他事由，如被告已经出国，或者已被劳动教养和监禁。否则，原告将要面临跨省离婚诉讼。而到被告住地进行诉讼，诉讼成本是相当高的。

或许有人问，上述法条中不是写了"下落不明的"由"原告住所地人民法院管辖；原告住所地与经常居住地不一致的，由原告经常居住地人民法院管辖"吗？

必须要告诉您，我们法律上的"下落不明"与平常老百姓嘴里的"找不到人"还是有区别的。《最高人民法院关于适用〈中华人民共和国民事

---

❶ 2008 年 5 月 11 日《今日早报》。

诉讼法〉若干问题的意见》第151条规定，夫妻一方下落不明，另一方诉至人民法院，只要求离婚，不申请宣告下落不明人失踪或死亡的案件，人民法院应当受理，对下落不明人用公告送达诉讼文书。夫妻一方下落不明，另一方诉到人民法院，只要求离婚，不申请宣告下落不明人失踪或死亡的案件，人民法院应当受理，对下落不明人用公告送达诉讼文书。

对于夫妻一方下落不明，另一方诉到法院，不论下落不明人出走时间的长短，法院均应受理，并应依照《民事诉讼法》规定的普通程序进行审理；法律文书的送达依照《民事诉讼法》规定进行。《民事诉讼法》第84条规定：受送达人下落不明，或者用其他方式无法送达的，公告送达。自发出公告之日起，经过60日，即视为送达。

法院的具体做法为：

1. 一方当事人向法院起诉离婚，法院受理。

2. 法院按一方当事人提交的邮寄地址送达法律文书，若被退回，初步证实对方下落不明。

3. 由起诉方当事人或法院向有关部门收集另一方当事人下落不明、杳无音信的补强证据，进一步认定对方法律文书地址无法直接送达（此部分主要是防止原告伪造证据，将被告外出打工、探亲等情况陈述为下落不明，导致法院错误适用相关程序）。

4. 由法院在公告栏和相关媒体上刊登公告，进行公告送达。在公告中告知当事人的权利义务以及不及时参与诉讼的法律后果。公告期国内案件60日，涉外案件6个月。

5. 公告期满，视为送达，进行缺席开庭和判决。一般会判决离婚。

因为涉及两次公告，以及中间的周折，这样的离婚，没有一年时间是离不下来的。原告还要垫付各种公告费用。

你说媳妇跑了，麻烦不麻烦？

可能有心人看出来了，后面一个例子讲的是老公跑了。

这也没关系，因为时代不同了，男女都一样。于离婚上亦是如此。

一方不到庭能离吗

当然能！

但事实上，此问题不只当事人模糊，许多业内人士也有分歧。

问题的产生，根源于法律。

《婚姻法》第 32 条规定，男女一方要求离婚的，可由有关部门进行调解或直接向人民法院提出离婚诉讼。人民法院审理离婚案件，应当进行调解；如感情确已破裂，调解无效，应准予离婚。

有部分人（不只是当事人，有律师也向我提出过此问题）有疑问，按上述法条，调解是必经程序，那法庭审理离婚案件是不是要求男女双方当事人都必须到庭？那如果被告一方不到庭，法院能开庭不？能判决离婚不？

这当然是对法律的误解，规定离婚案件的调解为先行程序，并不等于被告不到庭就无法审理、无法判决。理由很简单：《民事诉讼法》第 130 条规定了"被告经传票传唤，无正当理由拒不到庭的，或者未经法庭许可中途退庭的，可以缺席判决"。

2005 年 12 月 30 日《佛山日报》刊登了《网络为媒，女博士被忽悠一把》，一名女博士通过网络与一骗子相恋、成婚被骗财骗色最终离婚之事。法律上看似无特别之处，还不就是一个"感情确已破裂"？文章最后说，2005 年 4 月 12 日经向最高人民法院请示，法院最终判决两人离婚。这就让人不禁大跌眼镜。难道只因是女博士离婚就须向最高人民法院

离婚为什么

请示？

当然，文章前面有交代，说"合议庭对两人感情确已破裂大家意见一致，对是否判决二人离婚，因为骗子没有到庭又不属于失踪而使法官皱紧了眉头"。这就让人想更不通，就这么点小问题法官们还需要向最高人民法院请示？如果送达了传票，被告拒不到庭就缺席审理；如果因骗子地址不详，就公告送达传票开庭和判决书，仅此而已。难道这还有大问题吗？

就这宗小案还值得惊动最高人民法院？让人更不明白的是，难道判决离婚必须双方当事人都到庭或一方"失踪"，两者必居其一方可？这自然是对法律的曲解，不值一驳。

但这种误解现实生活中并不少见。

顺德龙江的张女士因丈夫平日喜欢酗酒双方感情恶化，并曾想离婚。2008年3月4日双方再次争吵，丈夫竟然对前来劝架的内弟拔枪相向。张女士对记者说，"我早就想和丈夫离婚了，但几次法院开庭他都不来。我还去妇联等部门求助，政府也来调解过，但家庭关系还是紧张。我和老公闹离婚的事情，村里人都知道。"❶

我们必须明确，在我国法院判断夫妻是否可以离婚的惟一理由是"夫妻感情是否确已破裂"（《婚姻法》第32条），而非其他。这也是我们对待夫妻离异与否的惟一判断标准。离婚又不是罪过，为什么非要考虑离婚申请人或被申请人是否有过错？

另外，很多当事人在诉前与对方谈及离婚时，对方态度恶劣，甚至扬言，你起诉了我也不接传票，我也不到庭，就是让你离不成！

天呀，这可怎么办哪！

其实，您大可不必担心。

我们经常会遇到这样的案例，但最终"不睬"法院传票的寥寥无几。

为什么呢？虽然现在法院审理离婚案件，通常是打电话或寄信让当事人来取，但如果遇到拒不配合的当事人，法院仍会派员送达。

即使当事人拒签，法院仍可依法采用留置送达，只是手续麻烦了一些

---

❶ 2008年3月5日《佛山日报》。

而已。当事人一方接到了法院传票，基本上都会到庭的，不然法院可能会缺席判决，可能会作出对拒不到庭一方不利的判决。为了使自己的"权益"不受损失，当事人自然不会缺席自找麻烦的。

那么，对离婚案件中一方拒不到庭的能实施司法拘传、强制到庭吗？

《民事诉讼法》第 100 条规定，人民法院对必须到庭的被告，经两次传票传唤，无正当理由拒不到庭的，可以拘传。《最高人民法院关于适用〈中华人民共和国民事诉讼法〉若干问题的意见》第 112 条规定，民事诉讼法第 100 条规定的必须到庭的被告，是指负有赡养、抚育、扶养义务和不到庭就无法查清案情的被告。

这样看来，离婚案件一般不能拘传当事人到庭，因为法律条件不成就。

随着经济的发展，外出务工、经商等人员增加，加速了人口的流动。而户籍制度以及对外出人口的管理制度没有相应地跟上，加上一些人被外面的世界迷惑，故意逃避家庭责任、义务，有意不让自己的行踪被家人和亲属知道。总之，因一方当事人下落不明而提出离婚的案件呈增多趋势。那么，如何对下落不明人员提起公告离婚？

公告离婚案件是一方当事人外出下落不明，另一方当事人诉讼至法院要求离婚，法院经过立案审查发现外出当事人下落不明，通过公告方式送达起诉状副本及相关法律文书，公告期满后，下落不明当事人仍未到庭参加诉讼，法院缺席审理并作出准予或不准离婚的案件。

此外由公告离婚引发的负面效应也不能不引起重视。部分夫妻为逃避债务、躲避计划生育等人为地制造一方下落不明的假象，以达到借假离婚逃避法律的目的。婚姻关系是社会关系中的一个重要组成部分，当事人对已经发生法律效力的判决又不得申请再审，一旦婚姻秩序随意被破坏，那么整个社会秩序的稳定将不可思议。

《民法通则》第 20 条规定："公民下落不明满两年的，利害关系人可以向人民法院申请宣告他为失踪人"。但这仅是规定了宣告失踪的条件，并没有规定为公民因另一方下落不明提起诉讼离婚的条件。

对此法律并没有对下落不明时间的长短作出明确规定，根据最高法院

離婚为什么

的批复可以有效解决这个问题。《最高人民法院关于对一方当事人下落不明未满两年的离婚案件是否受理的公告送达问题的批复》认为：对于夫妻一方下落不明，另一方诉至法院，只要求离婚，不申请宣告下落不明人死亡的案件，不论下落不明人出走时间的长短，法院均应受理，并应按照《民事诉讼法》规定的普通程序进行审理，法律文书的送达依照民事诉讼法第84条的规定进行。（具体参见《媳妇跑了怨谁》）

明确一下，一方不到庭当然可以离成婚，不过程序可能复杂一些，这个，您得有准备！

一方在监狱能离吗

当然能！但实践中还是有些难！

这个问题"一方不到庭能离吗"差不多，但在司法实践中经常遇到，所以将其单独成文。

原告杨惠与被告张浩于2008年4月登记结婚，可是新婚还不到一个月，张浩就因刑事犯罪被判处有期徒刑11年。杨惠向贺兰县法院起诉，要求解除与张浩的婚姻关系。经过法院主持调解，双方自愿离婚。贺兰县法院已经审结多起此类案件，其中一方被判刑期最长的长达十几年，最短的是3年，最终大多以调解离婚告终。贺兰县法院民一庭法官肖静洪说，按照有关法律规定，夫妻一方如果被判刑3年以上，这就是法官判断夫妻感情是否破裂的充分条件。所以，即便一方不同意离，法院也可以判决离婚，"犯罪本身就是对另一方的极大伤害，如果还要强留对方，就是更大的伤害"。❶

新闻讲求非典型性，所谓"狗咬人不是新闻而人咬狗则是新闻"，其实此类离婚案件在现实中是有不同理解的。

因一方犯罪服刑（广义上还包含被监禁、被劳动教养）引起的离婚案件，绝大多数是由犯罪一方配偶提出来的，也有少数是由犯罪方本人提出来的。正确审查处理犯罪一方配偶提出的离婚案件，关系到保护当事人双

---

❶ 2010年10月14日《银川晚报》。

離婚為什么

方的合法权益和子女的切身利益，也关系到对罪犯的改造、挽救工作，因此需慎重对待。

被监禁或者被劳动教养的人，是一个特殊群体，他们一般被关押在特殊场所，人身自由受到限制。法院不便于对其直接送达诉讼文书，委托送达或者邮寄送达也存在一定的难度。法律规定，受送达人是被监禁的，通过其所在监所或者劳动改造单位转交。受送达人是被劳动教养的，通过其所在劳动教养单位转交。

不惟送达有特殊之处，就是案件管辖也有特殊。

自 2010 年 12 月 15 日起施行的《最高人民法院关于对被监禁或被劳动教养的人提起的民事诉讼如何确定案件管辖问题的批复》规定，对被监禁或被劳动教养的人提起的诉讼，原告没有被监禁或被劳动教养的，由原告住所地人民法院管辖。原告也被监禁或被劳动教养的，由被告原住所地人民法院管辖；被告被监禁或被劳动教养一年以上的，由被告被监禁地或被劳动教养地人民法院管辖。另外，原告住所地与经常居住地不一致的，由原告经常居住地人民法院管辖。

根据《民事诉讼法》第 121 条规定，人民法院可以巡回审理案件，因此对在押的人员，一般是到看守所或监狱等机关审理。理由很简单，如果提出来到法庭上，跑了人犯的责任可不是法官能承受的。另外，来回提押的费用也较高，所以为一般法院所不取。审判人员通常要长途跋涉到被告服刑的监狱内就地开庭审理，原告一方也要到庭。这种方式往往要占用审判人员多个工作日，且要花费较大数额的交通费。当然，有些费用是由原告承担的，这是行业公开的秘密！

在服刑人员离婚问题上，判决离婚与否似乎都有道理。我这样说，肯定有人不相信，这不是又陷入了不可知论？

《婚姻法》第 32 条规定，男女一方要求离婚的，可由有关部门进行调解或直接向人民法院提出离婚诉讼。人民法院审理离婚案件，应当进行调解；如感情确已破裂，调解无效，应准予离婚。有下列情形之一，调解无效的，应准予离婚：（1）重婚或有配偶者与他人同居的；（2）实施家庭暴力或虐待、遗弃家庭成员的；（3）有赌博、吸毒等恶习屡教不改的；（4）

因感情不和分居满二年的；（5）其他导致夫妻感情破裂的情形。

这个"其他"适用上就有些难。

《最高人民法院关于人民法院审理离婚案件如何认定夫妻感情确已破裂的若干具体意见》第 10 条和第 11 条规定，一方好逸恶劳、有赌博等恶习，不履行家庭义务、屡教不改，夫妻难以共同生活的。一方被依法判处长期徒刑，或其违法、犯罪行为严重伤害夫妻感情的。

这个可否适用于上述案件？可否判决准予离婚？你可能要动摇了吧？

其实，我们行内人都知道，离与不离很多时候是难题，因为"行为严重伤害夫妻感情"还不是由法官说了算？当然，反过来说，离婚案件判离与不离都不是错案。

还有一个人人都想知道的问题，法院判决离婚是不是要看是否有利于被告人改造？

业内人士都知道，看守所、监狱等机关都是不太喜欢法院判决离婚或者说为法院转递离婚诉状等材料的。因为一个人感情的波动难免影响改造情绪，这些机关的工作量就要加大，甚至于有些被关押人因此铤而走险。

有时，法官出于自身保护也会对这类案件作出保守的裁决。2007 年 4 月的一天，一个穿着棉衣的青年男子走进了全国优秀法官、黑龙江鹤岗市南山区人民法院民一庭副庭长潘英华的办公室。这个男子是三年前被判刑的一位当事人，因其妻子要与他离婚，潘英华曾到监狱去给他送达法律文书，但该男子情绪非常激动，扬言潘英华要给他们判离婚，就杀了潘英华。后来，经她多方做工作，他接受了潘英华的建议，与妻子顺利办理了离婚手续。❶

私下里说，法院有时判决离婚确实要考虑这个因素，虽然这绝对不是法律理由！因为如果说因为不利于改造就不判决离婚，那原告方的权益何以保护？那法律到底是保护善良人还是有罪过的人？

但判决中真的不考虑上述因素吗？当然不是的。

所以，此类案件的结果，全凭法官说了算。

---

❶ 2011 年 2 月 27 日《人民法院报》。

离婚案能撤诉吗

当然能，不过要慎重！

撤诉，是指在人民法院受理案件之后、宣告判决之前，原告要求撤回其起诉的行为。

申请撤诉，即原告在法院立案受理后、进行宣判前，以书面或口头形式向法院提出撤回其起诉的要求。按撤诉处理，即原告虽然没有提出撤诉申请，但其在诉讼中的一定行为已经表明他不愿意继续进行民事诉讼，因而，法院依法决定撤销案件不予审理的行为。

离婚案件作为民事案件，原告自然可以申请撤诉。但离婚案件的撤诉，在法律上又与其他案件有所不同规定。

《民事诉讼法》第111条规定"判决不准离婚和调解和好的离婚案件，原告撤诉和按撤诉处理的离婚案件，没有新情况、新理由，原告在六个月内起诉的，不予受理"。

《最高人民法院关于适用〈中华人民共和国民事诉讼法〉若干问题的意见》第144条第2款规定：原告撤诉或者按撤诉处理的离婚案件，没有新情况、新理由，6个月内又起诉的，可比照民事诉讼法第111条第（7）项的规定不予受理。

立法上之所以特别对离婚案件要规定"六个月"，是出于对维护婚姻稳定性的考虑，原告无论以何种理由撤诉，客观上讲都是给被告一个反省、改正的机会，也是原被告婚姻和好的一种契机。这种规定是基于维持家庭的稳定和培养夫妻感情而制定的，同时也是对那些视离婚为儿戏的人一种限制。但这个规定也不是对离婚撤诉后所有案件都是这样处理，对离婚撤诉后发现有新情况、新理由的是不受时间限制的。

关于啥叫"新情况、新理由"，现行法律没有明确规定。但一般认为，只有特殊情况下才能认定。"原来说两人好好过等承诺"是不计入其列的。就我目前掌握的资料，尚未发现有法院因当事人以"新情况、新理由"而在 6 个月内重新立案的案件。这就告诉我们，在离婚案件中，撤诉必须十分谨慎。

当然，在一审开庭时有些法官可能会以各种各样的理由劝说你主动撤诉，告诉你等 6 个月后就可以再次起诉了，承诺那时一定会给你判离婚。我提醒你，这个许诺没有法律效力，你一定不要相信。

一者第二次起诉了，法院也不一定判离婚，因为很多东西不是绝对的。只不过大多数法官会在第二次判离，但法律没有明确规定第二次起诉离婚就一定要判离，所以得到什么结果都有可能，不要过于相信。

二者第二次是不是还是这个法官办理此案件，也不一定，因为法院分案是随机的，有很多偶然性。如果你听信法官的话主动撤诉了，到时想哭都找不到坟头。

另外有一个情况需要特别注意，就是当你起诉后法官会劝你撤诉。或者为了案件的快结或者是因为判决离婚的条件不成就，或者是法院发现没有管辖权，总之许多法院法官喜欢劝说你撤诉。因为法院系统现在有三句话很流行，"搞定就是稳定，摆平就是水平，没事就是本事"。

这时你一定不要听法官的劝，哪怕他判决不准离婚，也让他出判决。因为法官劝你撤诉，你不知法律特殊要求，尤其是最高法的司法解释，茫茫然撤了诉，再去有管辖权的法院起诉时，又被告知半年后才能起诉时，你一定会有一种被愚弄的感觉。所以，遇到这种情况，正确的做法是没有管辖权的法院将案件移送有管辖权的法院，而不是撤诉之后又重新去起诉。千万记牢了！

还有一个重要问题，就是目前的法律并没有明确规定这 6 个月如何起算，这就导致了在司法实践中存在一定混乱，一是以原告申请撤诉的时间为起算点；二是以法院作出撤诉裁定之日为起算点；三是以原告收到撤诉裁定之日为起算点。

就我看来，既然是撤诉包括原告自愿撤诉和法院视为撤诉处理两种，以法院作出撤诉裁定之日为起算点更合适一些。当然，具体还得看人家受案法院的法官大人的观点，因为他说了算！

关于离婚中的撤诉案件，法律问题还不止于此。

2009 年 8 月 21 日上午 8 时许，车水马龙的佛山市禅城区法院门口赫然惊现一副棺材，棺材上还有辱骂法官的文字。抬棺人是一起离婚诉讼中的被告李女士。李女士的丈夫林某于 2006 年 9 月 22 日向法院提起离婚诉讼。审理过程中原告林先生向法院递交撤诉申请，法院于 2007 年 12 月 19 日裁定准许撤诉。李女士认为既然老公提出离婚，自己也在法庭上表示同意，在法律上他们夫妻就已经是离婚了。原告再向法庭提出撤诉申请时，法院就不应该准许。禅城法院违反了宪法中规定的婚姻自由，法官是在"操纵婚姻"。❶

被告同意离婚的离婚案还能撤诉吗？

李女士这种公然侮辱法庭的做法自然不妥，但其说法有无道理，相信普通民众也是各执一词。这让我不由想起了 2005 年《人民日报》曾经报道的一起同类案件。

2004 年 6 月，在北京工作的王江令向山东省平度市法院起诉，要求与其妻子离婚。在诉讼过程中，由于两个成年子女的劝说，王江令决定不再离婚，便向平度市法院申请撤诉，但被平度市法院裁定"不准撤诉"。平度市法院认为，被告已在庭审中明确要求与原告离婚，并就主张的夫妻共同财产部分申请了财产保全，如允许原告撤诉，则不利于保护被告的合法权益。同年 10 月 9 日，平度市法院一审判决原、被告离婚，并就夫妻共同财产作了分割。其后，王江令向青岛市中级法院提起上诉，请求纠正平度市法院不准其撤诉的违法做法。但是，2005 年 3 月 28 日青岛市中院作出了维持原判的二审判决。

---

❶ 2009 年 8 月 22 日《佛山日报》。

　　这起案件在当时引起了强烈的反响，许多法学专家在报纸上对平度法院的做法予以强烈质疑甚至抨击。因为按照《民事诉讼法》的规定，当事人有权在法律规定的范围内处分自己的民事权利和诉讼权利。只有当原告的撤诉行为损害"国家和集体利益、社会公共利益及他人合法权益"的时候才是不准许撤诉的，王江令案中并不存在这样的情况，因此法院不准许原告撤诉是不正确的。若原告有隐瞒共同财产的情况，法院可以依据民事诉讼法的规定罚款或拘留，但不能以此作为不许撤诉的理由。

　　时间过了5年，在佛山的禅城却演出了"李女士"版本的"王江令案件"。这不禁让我们感慨万千。如果禅城法院的法官沿袭了青岛法院法官的做法，当事人是否还会抬棺上访表达不满？法学界又将会如何予以评价？

　　必须要承认，目下民众对司法的不信任感已经降至极点，李女士抬棺材的表达就是例证之一。或许也正因有感于此，最高法院常务副院长沈德咏在8月10日至14日召开的全国法院大法官社会主义法治理念专题研讨班上说，"当前，部分群众对司法的不信任感正在逐渐泛化成普遍社会心理，这是一种极其可怕的现象。"❶

　　解决"部分群众对司法的不信任感"的路径何在？就我看来，要讲律法，讲章法，有想法，更得有办法。特别是离婚案件涉及当事人人身关系，更须谨慎。

　　提出问题易，解决问题难。所以，在撤诉时，您一定多长个心眼儿。

---

❶　2009年8月19日《人民日报》。

判不离要上诉吗

建议不上诉。

经常有离婚案件当事人，拿着一审不准离婚（有的称"驳回原告诉讼请求"）的判决书问我，是不是应该上诉？

尽管我知道上诉是法律上明文规定的当事人权利，尽管我知道你（包括我）可能对一审判决很不认同，但我一般会劝说你不要上诉。

我这样说的依据是："判决不准离婚和调解和好的离婚案件，判决、调解维持收养关系的案件，没有新情况、新理由，原告在 6 个月内又起诉的，不予受理"。❶

为什么是这样呢？

因为对于离婚纠纷，如果一审法院判决驳回离婚请求，想离婚的一方上诉意义不大，二审改判离婚的可能性比较小，所以不如干脆让一审判决尽快生效，然后等待 6 个月再第二次起诉离婚。

一者传统观念是"宁拆十座庙，不拆一桩婚"。法院给双方一个冷处理的期限，让双方慎重考虑和选择。婚姻问题毕竟是大事，当事人可借此机会来理智、冷静处理婚姻问题，如果感情确实不能和好，半年以后原告还可以再次提起离婚诉讼。

二者从法律程序上说，《民事诉讼法》及最高法院的司法解释规定，

---

❶ 《民事诉讼法》第 111 条第（7）项。

一审判决不准离婚的案件，上诉后，中级法院认为应当判决离婚的，可以根据当事人自愿的原则，与子女抚养，一并调解，调解不成发回重审。二审法院原则上不能直接改判离婚，只能进行调解。但调解的难度非常大，成功率并不高。如果二审法院直接改判，因是终审判决，涉及子女抚养及财产分割问题原一审判决并未处理，一方不服就没有了再上诉救济的机会。

三者二审法院即使认为一审法院的离婚判决错了发回重审，按照目前法院正常审理流程，一般差不多半年了。与6个月后重新起诉相比，等待的时间相差无几，但是加大了当事人的诉讼成本，包括经济上、精神上的成本。这样是否得不偿失，正常人不难得出结论。

四者《最高人民法院关于人民法院审理离婚案件如何认定夫妻感情确已破裂的若干具体意见》中明确规定，经人民法院判决不准离婚后又分居满1年，互不履行夫妻义务的，应视为感情破裂。在司法审判实践中，6个月后第二次起诉还不符合这个一年规定，但是法院行使自由裁量权，判决离婚的比例很高。

当事人打官司，既要充分行使自身的合法权利，同时又要了解该类案件诉讼规律，否则就会事倍功半。同时，万事和为贵，对于离婚，诉讼本身不是目的，不要消极地指望法院解决一切问题，特别是婚姻家庭问题，即使判决不准离婚，双方仍然可以本着孩子利益第一原则友好协商，争取达成协议。

要相信一句名言：只有结不成的婚，没有离不成的婚。

当然，如果对判决书中的离婚没有意见，只是对财产分割不服，当然要上诉，因为二审对离婚案件婚姻关系的处理不改判，但可以对财产分割和子女抚养方面改判。如果二审法院认为一审关于婚姻方面的判决不适当，可以以事实不清为由，发回重审。

另外，就是上诉也有一些注意事项。尽管我接触到的大多数法院对当事人的上诉权是有充分保障的，但如果遇到了不讲理的法官和法院，你会发现一件小事都能难死人。

一个老太太，为女儿离婚的事到法院递交上诉状。上诉期最后一天是

离婚为什么

正月初五。老太太不懂节假日顺延的道理，正月初五就到了法院，法院没有上班。等到初八上班的时候，又没有找到承办人，上诉状没有交出。初九来交，承办人收了，写了一份收条，证明是初九收的。案件送到中院，一查日期，过了，退回去。结果一审法院一处理就是半年。老太太不记得跑了多少趟法院。最后中院当着老太太的面直接给基层法院分管院领导打电话，事情才终于查实。❶

读这样的事例，恨不得想骂人。你也终于知道为什么人民对人民法院不满意了。也难怪在湖南法官被枪杀案中，许多网友送贺电了。有些人民法官已经把"人民"二字抛弃在九霄云外了。

让我分析一下我心目中的法官，应该怎样处理这件事。

熟悉法律的人都知道，离婚案件绝少错案。这倒不一定是法官水平高，处理此类案件得心应手，而是一方面，"感情确已破裂"是个看不见、摸不着的虚拟物，公说公有理，婆说婆有理。另一方面，我们又缺少婚姻财产的登记制度，而且中国人相对财产少。对大多数人来说，人都没有了，财产有何用？所以大家对离婚案件很少争执。

那么，遇到这样的事该怎么办？作为法官，你要先耐心解释。

马锡五说，"作为法官，当你下乡找老百姓调查了解情况，恰好遇到他下地归来，这时候，你应该把他手中的牛绳接过来，帮他把牛拴好，让他在一旁喝喝水、抽抽烟，好生休息后，才跟他了解情况。"

评剧《刘巧儿》的原型故事发生在 1943 年 3 月陕甘宁边区华池县温台区第四乡。该乡居民封彦贵有女封捧，早在 1928 年封捧年幼时，封彦贵将封捧与张金才次子张柏订立"娃娃亲"。至 1942 年 5 月，封捧长大成人，而当地聘礼大增。封彦贵为多取聘礼，要求与张柏解除婚姻，另以法币 2 400 元、硬币 48 元为礼，暗将女儿许配给南源的张某为妻。后被张金才知道，告至华池县政府。经华池县裁判部裁决，撤销后一次婚约。1943 年 2 月，封捧到赵家圪子吃喜酒，恰好遇到张柏，表示愿意同张柏

---

❶ 郭卫华主编《正义之路：院长荐文读后感悟录》，中国法制出版社，2010 年 3 月第 1 版，第 63 页。

结婚。不料，其父封彦贵却在同年 3 月，以法币 8 000 元、硬币 20 元、哔叽 4 匹，将封捧许给庆阳县朱寿昌。张金才闻信后，纠集张金贵等 20 余人，携棍棒在 3 月 13 日夜闯入封彦贵家抢走封捧成亲。封彦贵至华池县控告，县司法处未作详查，即以"抢亲罪"判处张金才 6 个月徒刑，宣布张柏与封捧婚姻无效。判后双方均不服。

时任陇东专员、边区高等法院分庭庭长马锡五来华池县巡视工作，在一棵大树下亲自受理了封捧的上诉案。马锡五深入群众调查，了解到封捧"死也要与张柏结婚"，不愿听从父意同朱姓结婚的事实后，便协同司法处同志在村公所举行公审会。重出判决如下：（1）封捧与张柏自愿结婚，按婚姻自由的原则，批准其婚姻有效；（2）张金才等黑夜聚众抢亲，有碍社会治安，判处徒刑，随从者予以批评教育；（3）封彦贵以女儿为商品，索取高额彩礼，变相买卖，科以劳役，以示警戒。这一判决维护了正确的婚姻，受到群众广泛拥护，被罚者也表示服判。❶

作为法官，你可能同我一样，并不太认同马锡五式审判方式，因为他的审判方式在某些地方已经将"人民法院"演变为"人民调解院"。但他的群众工作方法你不得不认同。理由很简单，到什么山上唱什么歌。你对一个老太太，讲法律上的共同财产、婚前个人财产、节假日顺延，她是不会懂的。"对牛弹琴"不只嘲笑牛，弹琴的人也高明不到哪儿去。

你得告知老太太上诉期限。我知道，你的判决书最后面有："如不服本判决，可在接到判决书之日起 15 日内提起上诉，向本院递交上诉状，并按对方当事人的人数递交上诉状副本，上诉于某某中级人民法院。"

但你要知道，你面对的是个农村的老太太。

在法院系统，一直流传着一个经典笑话。话说某日，在法庭宣判以后，法官把判决书交给被告——老太太，并对她说："你如果不服本院判决，可以上诉"。嗯？老太太一听急了，"打官司就打官司呗，看来打官司还不能输呀！"轮到法官一头雾水了。嗯？"你看我这么大年纪了，也没打过官司，现在输了，你让我上树，上树，中！可是我现在这么大年纪了也

---

❶ 张希坡著《马锡五审判方式》，法律出版社 1983 年版，第 26～28 页。

上不去呀！你说怎么办呢？"原来老太太把"上诉"当成了"上树"！

《最高人民法院关于适用〈中华人民共和国民事诉讼法〉若干问题的意见》第178条规定，一审宣判时或判决书、裁定书送达时，当事人口头表示上诉的，人民法院应告知其必须在法定上诉期间内提出上诉状。未在法定上诉期间内递交上诉状的，视为未提出上诉。

如果老太太的女儿在宣判时就要上诉，你该怎么办？告诉她要书面上诉。如果老太太的女儿不识字，你再好心一下，把她女儿不服的理由记录下来，做个笔录，直接当成上诉状，估计没有哪个上级法院说不行。如果你还想偷懒，干脆给老太太张空白上诉状格式纸，让老太太写上上诉状的"事实和理由"一栏中仅有一个字"不服"。

更重要的是，你要告诉老太太，因为春节放假，老太太提出上诉的法定期限最后一天是正月初五，而法院初八才上班。按法院的一般情况，上班第一天大部分法官并不在岗，要串串岗、拜拜年之类，可以建议老太太直接用挂号信寄出上诉状就行。挂号信花不了几块钱，比老太太跑几趟法院要省一些。

如果上面的你都不想做，既然是你的错误，你干脆将人家老太太的送上诉状日期改成正月初八，估计也没有人骂你贪赃枉法。

我在基层法院工作时，对不服判决的当事人，往往鼓励他们上诉："上级法院法官学历高，法律水平高，上诉是你获得改判的惟一也是最好途径"。

你当然可以说我不负责任，把矛盾上交，甚至可能浪费当事人的上诉费用（如果最终维持的话）。但在当下中国，这对法官和当事人来说无疑是双赢的选择。

我知道，确实有些法官与我鼓励当事人上诉的做法完全相反。他们往往用尽各种各样的办法，为上级法院减少负担。一方面是因为许多法院有判决率、上诉率的考核指标，另一方面或许是案件本身有些问题。总之在一些法官心目中，当事人上诉总不是个好事。

从这件事上，我们会发现，当今的法官学历越来越高，论文越写越长，大口号越喊越响，但在为人上，却越来越少了良知。

在我看来，良知比法律要重要得多。

分居满二年自动离婚吗

我要明确告诉你：这是不可能的事儿。

我小姨子家庭闹矛盾要离婚，现已分居 20 天，结婚 19 个月，分居多长时间男方就可以申请自行离婚啊？要是我们坚持不离有啥办法啊？财产又咋分？

这是我们村一个年轻人向我提出的离婚问题。

类似的，不止一次，有人向我求证，是不是根据婚姻法的规定分居两年后就自动离婚了？

听到这样的问题，我总是丈二和尚——摸不着头脑。这是哪儿跟哪儿的事？难道说竟然有这样的规定，我没有掌握？

见我一头雾水，别人又问，那是不是三年就可以了？

必须要明确，我国目前的婚姻制度中，是不存在"自动离婚"，离婚只有两种途径：一是到民政部门办理离婚登记手续，领取离婚证；二是向法院提起诉讼，由法院以判决书或调解书的形式解除双方的婚姻关系。就此两种，别无选择。

那问题从何而来？

1989 年 11 月 21 日《最高人民法院关于人民法院审理离婚案件如何认定夫妻感情确已破裂的若干具体意见》第 7 条规定：因感情不和分居满三年，确无和好可能的，或者经人民法院判决不准离婚后又分居满一年，互不履行夫妻义务的，视为夫妻感情确已破裂。一方坚决要求离婚，经调解无效，可依法判决准予离婚。

这里有个三年。但这个三年已经是昨日黄花，不再适用了。

2001 年修订的《婚姻法》第 32 条第 3 款第（4）项规定：因感情不和分居满二年的，如感情确已破裂，调解无效，应准予离婚。

二年的出处或许就在于此。

但根据婚姻法，因感情不和分居满二年只是可以成为法院判决离婚的理由，解除双方的婚姻关系只能经过法院的判决或民政部门的离婚登记手续，不会因为出现这一法律事实而自动离婚，自行解除双方的婚姻关系。

问题由此产生，何为分居？"分居"是外来语。

清代外交家薛福成在《出使四国日记·光绪十六年十二月初十日》记载外国人的结婚分家制度："子既娶妇，与父母别居异财，甚者不相闻问。"

"别居"在国外是个成熟的法律概念，是指婚姻双方暂时或永久地解除同居义务但是维持婚姻关系的法律制度。别居制度产生于中世纪的欧洲。该制度是在教会法禁止离婚的情形下，为解除夫妻双方不堪共同生活而设立。在当代，虽然许多国家都采取了离婚自由的法律制度，还有一些国家保留了别居制度。如大陆法系的法国、意大利，英美法系的英国、美国等。

我国婚姻法没有关于别居制度的规定。《广东女性离婚人口现状考察》一文作者郑晨先生曾指出，面对广东离婚人口绝对数的不断增加及离婚率的提高，建议实行"别居"制度，即所谓的"试离婚"，让当事双方正式离婚前，分开生活一段时间，形成缓冲带，然后再考虑是否离婚。文章统计，中国约有 1/10 的离婚当事人复婚，说明"别居"制度有合理价值。考虑住房等现实因素，建议在广州、深圳等发达城市试行"别居"，条件成熟后再推广。

外国也有类似做法。过去，递交离婚诉讼的夫妇当天即可见韩国法官，如果夫妇两人当面对法官说同意离婚，离婚可在三分钟内完成。从 2008 年 6 月 22 日起，韩国的离婚程序是，向法院提交协议离婚申请书，之后提交财产分割、子女抚养等协议书，最后在法官面前明确表示同意离婚，双方即成路人。但在提交协议书之前，必须要经过"熟虑期"，否则不可协议离婚。有子女的夫妻离婚，熟虑时间为3个月，无子女则为1个月。❶

男女双方要离婚，肯定有离婚的理由和原因。感情这种东西，扯不断，理还乱，处于离婚战争中的双方，有时候是不可能理智的。但离婚是婚姻中的悲剧，是人生中的不幸。解除婚姻关系会给自身、第三人尤其是子女造成伤害，使得社会的稳定性受到影响。从伦理上，人们对于即将要离异的夫妻，都怀有一种期待的心理，希望他们破镜重圆。

按我国法律，夫妻因感情不和分居满二年，一般来说可以构成夫妻感情破裂的事实证明。适用此条款，必须是因感情不和而分居。夫妻分居，有客观原因造成的、感情不和造成的以及双方自愿协议分居的等多种情况。首先双方客观上处于分居状态，即双方不共同在一起生活，不存在互相关照、同床共枕、同桌就餐等行为。即使夫妻双方仍然住在同一屋檐下，但没有实质上的共同生活，也构成客观上的分居状态。如夫妻分别在两地工作，因相隔遥远而没有同居条件，这种夫妻分居，并不是因感情不和而造成的，即使分居的时间再长，也不符合"因感情不和而分居"的法定应准予离婚的情形。有些夫妻，他们感情尚好，也不愿离婚，但由于某种原因，自愿实行分居。这种情况，也不符合"因感情不和而分居"的法定应准予离婚的条件。作为应准予离婚的法定情形的分居，必须是因夫妻感情出现问题，感情不和、感情破裂、相互厌恶而造成的分居。

分居必须是连续的，且已满二年。首先，从夫妻实际分居的第二日算起，到向法院提起诉讼时为止，时间必须满二年。其次，分居必须是持续的，分居时间必须连续计算。如果分居后又同居，则应从同居后又分居的次日重新计算。不能把前后几次分居的时间累加计算。

夫妻分居的实质是互不履行夫妻性生活之义务。对于夫妻因感情不和而"分居"的理解，不能只简单地理解为分开居住。有些夫妻因家庭住房条件所限，并非感情不和也在分别居住。但是，这种分居并不排除夫妻之

---

❶ 2008年7月27日《法制日报》。

间的性生活。他们可以利用种种办法，来满足夫妻之间的相互需要。所以，作为法定应准予离婚的夫妻分居的实质，在于夫妻因感情不和而互不履行夫妻性生活之义务，并持续长达二年。

"夫妻分居满二年"须以证据证明。我国婚姻法虽然将"因感情不和分居满二年"规定为法定的可以准予离婚的情形之一，但是，在实践中要想凭借这条规定而达到离婚之目的，却着实不易。因为，证据是诉讼的灵魂，法庭认定必须要靠证据的支持。要想证明夫妻分开居住容易，但要证明夫妻之间连续满二年未有性生活，却谈何容易？特别是在一方坚决要求离婚，而另一方坚持不离的情形下，这种个人隐私性极强的证据，就更难以举出。

我的师伯冉志江大律师曾经给我讲过这样一个案件：某曾身居部长高位的男同志以"夫妻分居满二年、感情确已破裂"为由提出离婚诉讼，他代理女方诉讼。该部长虽年过7旬，但宝刀未老，仍时有性生活。于是女方手提沾有该部长昨天晚上排泄精子的内裤，作为呈堂证据，该案结果自然可想而知。

法院审理离婚诉讼时，判决"准予离婚"的惟一条件是"夫妻感情确已破裂"。"分居二年"的情形，只是作为衡量夫妻感情如何的一个标尺存在，而不能就此认定"夫妻感情确已破裂"，关于"只要分居满二年，当事人想离准判离"的说法，毫无法律依据。况且，法院审理离婚案件时都要先进行调解，即使"因感情不和分居二年"而导致感情确已破裂的，也必须是在调解无效后才能准许离婚。

总之，婚姻因"有情"而在，因"无情"而亡，虽"因感情不和分居二年"者，经调解和好了，说明感情没有破裂，说明夫妻情缘未了，法院则肯定不会判决离婚；反之，只要感情确已破裂，经调解无效，不论其是否分居，法院都会判决离婚。

强调一下：不是一定要分居满二年才能离婚，不满二年或没有分居但有足够的证据证明感情确已破裂的，也可以判决离婚。

"因感情不和分居满二年"并不导致婚姻的自动解除，而仅是成就了一个可以诉讼离婚的条件。

既非必要，亦非充分，仅此而已。

结婚证、离婚证、户口本

证件人生。

为了考研，36 岁的西安陈女士在上班之余，苦苦复习了一年多，可 1 月 15 日上午她到考场后发现没带身份证，急忙给家人打电话，陈女士拿到身份证时，开考时间过了近半小时。陈女士两次跪在考场工作人员面前求进考场，但还是被拒考场之外。❶

对此事，网上议论纷纷扬扬，有人从规则说事，有人从人情角度开脱，我则看出了时下人们对证件的迷信。证明身份难道非得身份证才行吗？

许多当事人想起诉离婚，可是结婚证原件被配偶拿走了，或者是结婚证丢失了，只能到民政部门查档案开结婚证明。前段时间，我一位师弟代理了一起离婚案件，因为当事人（原告）无法提供结婚证原件和结婚证明，法院不予立案，要他到民政局查档案。但民政局要他出示法院的立案通知书才给查档案。这不是陷入了先有鸡还是先有蛋的怪圈吗？现在的律师办事都难，更不用说普通老百姓了。对证据的审查过严，导致了假证据泛滥。

2009 年 5 月底，广东丰顺县留隍镇村民江平持一份盖有当地村委印章的证明向法庭起诉请求离婚。证明的内容为"江平与其妻子江美未办理

---

❶ 2011 年 1 月 16 日《华商报》。

离婚为什么

结婚登记，婚后经常发生吵架，感情不合于二○○二年分居生活"。留隍
法庭受理后对该案进行审理。在庭审中被告江美非常激动，称十多年来丈
夫江平长期在外打工，自己却在家务农，照看老人和孩子。现因被告在外
导致变心提出离婚，自己坚决不同意离婚。江美还指出原、被告已办理结
婚登记手续，并当庭出具了结婚证书。法官认为原告提交的村委证明存在
很大疑点，决定对该份证明进行调查。经核实，村委会并未出具上述证明
给江平，是江平利用该村委流失出去的盖有村委印章的空白便笺伪造的。
法官在向原告调查中，江平称与妻子产生矛盾后便滋生了离婚的念头。因
他无法提交结婚证，便向县民政局请求出具结婚登记的证明。但民政局工
作人员无法查阅到结婚登记原始档案，拒绝出示证明。为了达到目的，江
平便伪造了上述证明，让法庭受理了起诉。法官依法驳回了离婚请求。❶

有的当事人起诉离婚时无法提供结婚证原件，只能提供复印件，法院
不予受理，法官解释说复印件容易伪造。但是容易伪造的不只是复印件，
原件伪造起来跟复印件一样容易，不过就是成本高了点。

离婚时要有结婚证，那么法院判决或者调解离婚了，要不要换领离
婚证？

对法院的调解书、判决书，许多人总认为不如民政部门颁发的离婚证
有效。就像我们普遍看重房产证，认为这是房产的惟一凭证。殊不知，根
据《物权法》第 28 条，"因人民法院、仲裁委员会的法律文书或者人民政
府的征收决定等，导致物权设立、变更、转让或者消灭的，自法律文书或
者人民政府的征收决定等生效时发生效力"。也就是说，尽管你手里有房
产证，但政府的征收决定一发出（行政行为一经发出即具有执行力），你
的房产证已经没有法律效力了。《国有土地上房屋征收与补偿条例》就采
取了这样的思路，而且地随房走。

从这个意义上，人民法院的判决书、调解书，在效力上是完全等同甚
至高于离婚证的。因此，何须用调解书、判决书换离婚证？

当然，还有个一审离婚判决的生效问题。湖北人李玲与王某于 2003

---

❶ 2009 年 8 月 15 日中国新闻网。

年 1 月登记结婚，2007 年 7 月，王某以"婚前了解不够，婆媳关系不好"为由向法院起诉离婚，江陵县法院一审判决准予双方离婚。该判决书落款时间是"2007 年 10 月 23 日"。但这份判决书送达给李玲时，却是在 2008 年 4 月 21 日。王某凭这份判决书，于 2008 年 2 月 14 日到民政部门顺利办理结婚登记。❶

　　这个案件有点蹊跷。

　　关于一审离婚判决的效力，《最高人民法院关于第一审离婚判决生效后应予出具证明书的通知》中已经有了规定："我国驻外使领馆和国内有关部门最近向我院反映，他们在工作中对当事人所持的我人民法院第一审离婚判决书无法判断是否已经发生法律效力，给工作带来不便，因此，建议我院采取措施，妥善解决。经研究，通知如下：根据《民事诉讼法》第 141 条的规定，当事人未上诉的第一审离婚案件的离婚判决，在上诉期届满发生法律效力后，原审人民法院应向当事人出具判决生效证明书并加盖院印，以此确认该判决业已发生法律效力。"

　　据我所知，各地的婚姻登记机关很看重这个证明的。许多地方更是明文规定，离婚后再婚登记的，须持离婚证或解除夫妻关系证明书或人民法院的离婚调解书或判决书，其中一审判决书还须附人民法院出具的生效证明。

　　应当承认，本案如果说男方能重婚，婚姻登记机关的错误是主要原因，除非法官不负责的开具了生效证明书。

　　2010 年 10 月，一名网友在"南京网络问政"发帖，她与前夫已经通过法院判决离婚，判决书中对离婚的详情描述详细，涉及不少隐私内容。离婚案件是不公开审理，离婚判决书也属于不公开内容，她的隐私尚能得到保护。可她在办理买房手续时，房产部门工作人员一听说她的婚姻状态是离婚，就要求她提供证据。她不得已只能出示离婚判决书。一想到自己的隐私公然暴露在陌生人面前，她觉得很不方便。

　　南京中院新近出台的《关于为离婚案件当事人出具离婚证明书的若干

---

❶　2008 年 7 月 22 日《楚天都市报》。

意见（试行）》，可以解决这位网友的烦恼。法院可以依离婚案件当事人的申请，经审查后为符合条件的当事人出具离婚证明书。在离婚证明书上，仅有当事人通过法院诉讼离婚的事实，对离婚的原因、财产的分割、子女的抚养等细节都没有提及，当事人担心的隐私泄露问题，将通过这份证明书得到解决。为了打消可能带来的顾虑，离婚证明书上还附有法官的姓名和电话，相关部门看到证明书后，可以致电向法官核实。❶

解决了离婚证，还有一个问题，离婚后拿不到户籍本怎么办？

一位女同志经法院判决离婚了，他爱人拿着户籍本，后来又换成了新的，并坚决不给她。她因为想办理出国手续，需要户籍本。

这可真是个难题。如果打民事官司，要求男方要求归还户籍本，可能立案都难。因为户籍本不仅仅是物，更重要的是一种证明文件，就我所知，尚未见过此类案件。公安机关（要求将原户口本收回才发新户口本）是不是应依职权给予证明？社区委员会等管理组织可不可以作点协调工作？据说，他们还有一个女儿，是不是可以居中调解一下？但这些办法都不是最有用的办法。

离婚了，作为户籍管理机关是否应当准许分立户籍？如果打行政诉讼，要求公安机关作出具体行政行为，概率可能大一点，但也比较麻烦。

怎么办呢？此题无解，中国式法律问题真让人头疼。还有因此而逼人犯罪的呢！

最高人民法院公报（2004年第12期）曾经刊登了上海市静安区人民检察院诉张美华伪造居民身份证案。上海市民张美华与前夫离婚并将户口迁出原住址后，由于一直无常住地址，不能办理落户手续。在身份证遗失后，曾向原户籍所在地的派出所申请补办。接待人员告知，由于其已不是该辖区的常住户口，故不能补办，但没有告知其可以申办临时身份证。由于认为再也无法通过合法途径补办到身份证，不得已张美华于2002年5月底以其本人照片和真实的姓名、身份证号码和暂住地地址，出资让他人伪造了居民身份证一张。2004年3月18日，张美华在中国银行上海市普

---

❶ 2011年2月19日《人民法院报》。

陀支行使用上述伪造的居民身份证办理正常的银行卡取款业务时，被银行工作人员发现而案发。上海市静安区法院认为被告人张美华伪造居民身份证，其行为违反了《居民身份证条例》的规定，应承担法律责任。但从查明的事实看，张美华是在客观上无法补办身份证，又不知道可以申办临时身份证的情况下，以本人的照片和真实的姓名、身份证编码等伪造了本人的居民身份证，且本案也是因张美华持伪造的居民身份证在为自己办理正常的银行卡业务时而案发的。因此，张美华伪造居民身份证的行为情节显著轻微，危害不大，不能认为是犯罪。遂于 2004 年 4 月 29 日判决：被告人张美华无罪。

尽管最终得到了无罪判决，虚惊一场，但动官司毕竟不是"神马"好事。就我所知，离婚妇女中这种情况并不少见，都是户籍制度惹的祸！

情系子与亲

孩子的 DNA

他/她是你的孩子吗？

离婚问题说起来复杂，但正如京剧"哝个哩个三大件"一样，离婚也有三大件：感情、子女和财产。

前面谈完了感情，我们来讲子女。

子女是什么？子女是爱情的结晶啊，但结晶有时也会浓度不纯。

2011 年 1 月 17 日，模特葛荟婕在微博中自曝前男友汪峰带两人所生女儿小苹果去做亲子鉴定。该消息一出，立刻引发数万网友围观。汪峰则通过微博回应称与女儿小苹果做亲子鉴定是为孩子落实户口。据海淀公安局户籍申报办公室表示，对于非婚生子的新生儿，家长必须到户口所在地派出所，出示与子女的亲子鉴定，方可申报户口。

我们知道，法律上有个非婚生子的概念。非婚生子女，俗称私生子，是指在受胎期间或出生时其生父生母无婚姻关系的子女。《婚姻法》第 25 条规定，非婚生子女享有与婚生子女同等的权利，任何人不得加以危害和歧视。

不过，这几年，不知是什么原因，不只是对非婚生子的真实身份容易产生怀疑，就是对婚生子，许多人也开始迷信亲子鉴定。最终目的就是要鉴定一下自己现在抚养的孩子是不是自己的种子所结出的果、开出的花。

现代人从优生优育的角度，主张男女适龄而婚，择优而孕，认为这才会"子子孙孙无穷匮也"。但事实上，如"杨（振宁）翁（帆）"这种 82

离婚为什么

岁娶 28 岁的老夫少妻式婚姻自古至今一直存在。"十八新娘八十郎，苍苍白发对红妆。鸳鸯被里成双夜，一树梨花压海棠。"苏东坡曾以诗调侃张先"老牛吃嫩草"。用词之巧妙暧昧，别有韵味，一个"压"更是道尽了无数未说之语！

纵览古今，有些例子似乎与人们的优生优育主张开起了玩笑，因为优生优育在一定时间一定地点对个别人物来说可能产生变异。就拿先贤来说，孔子似乎也是梨花与海棠的产物！司马迁《史记·孔子世家》记载："纥与颜氏女野合而生孔子。"历史考证，时年叔梁纥（孔子之父）已 72 岁，颜氏女 18 岁，"丘生而叔梁纥死"。相信没有人承认孔子父母的结合符合优生优育的原则，相信也没有人否认世界级名人孔老夫子是"优良品种"。

佛山历史上也有一个这样的"孔老夫子"。他名叫李待问，是佛山籍第一个官至尚书的仕宦。李待问生父李畅八十岁时纳陈氏婢女为妾，待问为陈氏婢女所生。孔子对其父应该没有印象，但毕竟还是其父健在时所生，还有更可怜的，那就是遗腹子。不幸的是，李待问就是遗腹子。在"家国一体、宗祧继承"的封建社会，"立嫡以长不以贤，立子以贵不以长"，出身问题不但关系个人的荣辱，而且事关江山社稷。陈氏婢女自知身份卑微，心恐被人非议。相信这也是人之常情。身为遗腹子的李待问当然会遇到这些出身问题。老爷死了，你凭什么说自己肚子里的孩子是老爷的骨肉？那时候又没有 DNA 亲子鉴定。李畅（李待问之父）便将平日心爱的象牙骨雕刻的苏扇取来，在上面题诗一首："八十岁老翁，临老入花丛，生男李待问，生女唤娇容。"写毕将扇赠与陈氏婢女，作为她日后正名份的物证。等于说，李待问之父已经声明，陈氏婢女所生之无论子女，均是我的亲生骨肉。这有点像国际私法上的非婚生子女准正制度。不管如何，我当父亲的确认这是我的婚生子，你还有什么话说？想来还是古人聪明一些，一纸文书，解决了多少难题。

当法官这些年，也真听说过不少这样的例子。

佛山禅城南庄有一个男人，越看孩子越不像自己，就跑去做 DNA，结果还真不是自己的。那是谁给自己戴绿帽子呢？这个男人就开始着手调

162

查老婆与哪个男人关系密切。结果排除来排除去，发现太太与自己的老爸有些不正常。于是他以关心老爸的身体健康为借口设法搞到了这个和自己关系最近的男人的血液，然后跑去鉴定，竟然是真的。原来，绿帽子是自家人戴的。于是儿子变成了兄弟！后来他一想，自己的婚姻本来就是老爸给介绍的，原来自己是给老爸顶锅啊！一上法庭，真让人哭笑不得！

由于现代人家庭婚姻观念的转变，婚前性行为的普遍化，法律意识的提升等原因促成亲子鉴定的数量渐增，大量的亲子鉴定机构应运而生也说明了这一事实。正如那个经典小品中海南岛他爹说，"一超就灵"。据说，这种学名为"脱氧核糖核酸"双螺旋体的 DNA 准确率已经达到99.9999％。所以相信科学的民众对亲子关系更多的寄托于这一堆数字和那些仪器上。

但亲子鉴定是一柄"双刃剑"。亲子鉴定关系到夫妻双方、子女和他人的人身关系和财产关系，是一项严肃的工作。可惜，在交钱就做的现行鉴定体制下，这一点我们疏忽了。

早在 1987 年，最高法院在一个批复中指出，对要求作亲子关系鉴定的案件，应从保护妇女、儿童的合法权益，有利于增进团结和防止矛盾激化出发，区别情况，慎重对待。对于双方当事人同意作亲子鉴定的，一般应予准许；一方当事人要求作亲子鉴定的，或者子女已超过三周岁的，应视具体情况，从严掌握，对其中必须作亲子鉴定的，也要做好当事人及有关人员的思想工作。人民法院对于亲子关系的确认，要进行调查研究，尽力收集其他证据。对亲子鉴定结论，仅作为鉴别亲子关系的证据之一，一定要与本案其他证据相印证，综合分析，作出正确的判断。

仔细分析最高人民法院的精神，对 DNA 鉴定是不支持、不鼓励的。因为这关系到儿童的权利保护，也直接影响到社会的稳定！

当年，鉴定机构专属于国家司法机关，而且费用很高，全国能够进行鉴定的机构也寥寥无几，因此对亲子鉴定控制得相当严格。自 2005 年 10 月 1 日《全国人大常委会关于司法鉴定管理问题的决定》实施后，司法鉴定社会化，亲子鉴定技术飞入寻常百姓家，全国大部分医学鉴定机构都有能力承担和开展了 DNA 鉴定工作。亲子鉴定如火如荼绝非我国独有现象。据说，在美国马

离婚为什么

里兰州一条高速公路边，曾高高挂着这样一幅广告牌：身怀六甲的蒙娜丽莎画像，朝着所有过路人微笑着，上面还嵌有一行醒目的大字："谁是孩子的爸爸？"这是一幅非常引人注目的DNA亲子鉴定广告，也说明了美国的DNA之普适。

但DNA鉴定真的就那么准确无误吗？2008年3月13日国务院新闻办公室发布的《2007年美国的人权纪录》介绍，美国在1989年才首次引用DNA技术，一个重要原因就在于司法对这种鉴定的准确度持有质疑。在我国，也的确出现了DNA鉴定结果有误的案例。唐山的"李久明"和云南"杜培武"冤案，两人都是警察，都是因为难以忍受残酷的刑讯而招供——"杀人"。在两起案件处理中，都进行了DNA血迹鉴定，证实了上述两人就是行凶人。他们最后都是由于真凶落网而结束冤狱，重获自由。DNA不但没有证实犯罪，洗清冤狱，反而成了助虐为纣的帮凶。因为对科学的迷信使我们的司法机关放松了警惕！

在确认亲子关系的诉讼中，一方申请做亲子鉴定，另一方不予配合，亲子鉴定能否强制？一方申请做亲子鉴定，另一方不予配合的，能否直接推定对其不利的事实成立？

2009年10月，一名金姓男子向法院诉讼，要求1992年曾当选为韩国第14任总统的金泳三承认自己是其私生子，法院要求金泳三和该男子进行亲子鉴定。然而，金泳三并没有对法院要求作出回应。随后，法庭进行了七次辩论，金泳三均未出庭，也未委派律师代理。2011年2月24日韩国家庭法院依据原告提供的书面材料等证据判决，金某为金泳三亲生子。

这说明韩国法律是持肯定态度的。中国呢？

最高人民法院民一庭认为：亲子鉴定因涉及身份关系，原则上应当以双方自愿为原则。但是如果非婚生子女以及与其共同生活的父母一方有相当证据证明被告为非婚生子女的生父或者生母，且非婚生子女本人尚未成年，亟须抚养和教育的，如果被告不能提供足以推翻亲子关系的证据，又拒绝做亲子鉴定的，应当推定其亲子关系成立。

就我看来，儿女是否为亲生，是个法律问题，更是心理问题，而绝对不是技术问题！心有病，怎么能仅仅依赖技术解决？！

孩子该姓什么

你说姓什么好呢？

姓名就是个称呼，个人的代指称。但在中国，到底该用什么姓名，不但普通百姓糊涂，相信官方也搞不明白。

济南市民吕先生和张女士的女儿于 2009 年年初出生，爱好传统文化的吕先生给女儿起名叫"北雁云依"，既没有随父姓"吕"，也没有随母姓"张"。当吕先生到燕山派出所报户口时，户籍工作人员以名字怪异不符合法律规定为由拒绝为其女儿办理户口登记。

我们的子女应该姓什么？《婚姻法》第 22 条规定："子女可以随父姓，可以随母姓。"该条款非常简单、容易理解、便于适用，但实际上并非如此。

前几天和儿子走在道上。儿子说，爸爸，我们打个赌吧。我说，赌什么？儿子说，如果说我输了，我就不姓王，我就叫"相阳"好了。我儿子起名，分别用了我和太太的姓，这倒好，好处立即就看出来了。我说，这可不好，因为爸爸在，一般就不能改姓（我们老家的风俗，一般寡妇改嫁，所带子女要改用新嫁人家的姓；也有些妇女离婚后就将子女从夫性改成自己的姓）。你还是姓王好。儿子说，不对，孩子可以随爸爸姓，也可以随妈妈姓。俗话说，龙生龙凤生凤，老鼠生下会打洞。尽管有出身论的嫌疑，有一点是敢肯定的，家庭（父母）子女的影响肯定是很大的。可能不经意间和谁谈起过子女可以随父姓也可以随母姓的法律规定，儿子就记下了，这就是法律家庭的熏陶。真是有心栽花花不活，无意插柳柳成荫。

"孩子可以随父可以姓母姓"，那么是不是"子女只可以在父母的姓氏中选择其一加以继承，不可随意选择他姓"？

如果说新生儿户籍登记时，究竟跟谁姓，是一个甜蜜的争议，那么父母离异后，孩子姓氏的更改则是令人心酸的事。一些已经分手的夫妻拿孩子的姓氏"说事儿"，离婚后变更子女姓氏引起的纠纷不断见诸媒体。离异后的夫妻往往认为自己是子女的法定监护人，对未成年子女的一切负有管理、监护的权利，包括更改子女的姓名，特别是离异女性因为男方不尽抚养义务，给女方和子女造成生活、教育等一系列困难，为了彻底与男方断绝一切关系，索性更改子女的姓名；或者离婚后受到社会、精神等方面巨大的压力，为摆脱精神痛苦而更改子女的姓名。凡此种种，不过是弱势者一种既无力又无奈的举动。

这种案件在现实生活中特别多，女方依据的理由自然是《婚姻法》第22条。而且1993年11月3日《最高人民法院关于人民法院审理离婚案件处理子女抚养问题的若干具体意见》中明确规定，父母不得因子女变更姓氏而拒付子女抚育费。当然，丈夫也有理由，同样是该司法解释的该条，后半部分规定，父或母一方擅自将子女姓氏改为继母或继父姓氏而引起纠纷的，应责令恢复原姓氏。

但如果您仔细研究，会发现这里指的是"改为继母或继父姓氏"，那么孩子从原来的随父姓改为随母姓怎么处理？法律没有规定。按照法无禁止则为权利的民事法律基本原则，似乎是可以的。

案例一：某女与丈夫离婚后，更改了由其抚养的儿子的姓名。西安市未央区法院审理后认为："子女随父姓或随母姓，应由夫妻双方协商，子女有表达能力的，还应尊重子女的意见。女方在未与男方协商的情况下，单方改变子女的姓和名，没有法律依据，明显不妥。故判决女方必须在判决生效后，一日内恢复其子女的原姓名。"

案例二：河南省西峡县对类似案件的判决是："婚姻法规定子女可以随父姓，也可以随母姓，女方并未侵犯男方的任何权利。"故判决驳回男方恢复子女原姓氏的诉讼请求。

案例三：广州市中级法院对类似案件的判决是："孩子的名字是出生时双方确定的，虽然夫妻已离婚，但需遵守双方的原约定。法院支持男方的部分请求，判决将子女的名字恢复原名，姓氏随母。"

案例四：某地一审法院对类似案件判决子女可随父姓，也可随母姓，驳回男方的诉讼请求。二审法院判决维持了一审判决。但是男方申诉后，法院又将此案件发回再审，案件审理了三年，仍无结果。

当然，大多数法院在一方以改姓为理由拒付抚养费后，一般责令另一方将孩子姓名改回原来而结案。

《婚姻法》第22条是我国法律对子女姓氏问题作出的专门规定，充分体现了男女平等、夫妻平等的原则。但是，《婚姻法》并未规定父母一方可以将子女的姓氏随意更改。最高法院曾于1981年8月14日在给辽宁省高院的复函中指出，在离婚后未征得前夫同意，单方决定姓名变更的做法是不当的，应当说服其恢复原来的姓名。1993年11月3日最高法院发布的《关于人民法院审理离婚案件处理子女抚养问题的若干具体意见》第19条规定："父或母一方擅自将子女姓氏改为继母或继父姓氏而引起纠纷的，应责令恢复原姓氏。"

从上述司法解释可以看出，除非双方协商一致或子女成年后自己决定姓氏，否则任何一方擅自变更子女姓名的做法都是不当的，如果引起纠纷，人民法院将责令恢复原来的姓名。在变更姓氏的问题上，未成年人在变更姓名时，必须得到监护人的同意。父母是未成年子女的监护人，在子女姓名的问题上享有平等的权利，所以，任何一方变更子女姓名时，都要征得对方的同意。也就是说，只有孩子的亲生父母均同意，方可变更其姓氏。父母任何一方单方擅自变更子女姓氏的，都是不妥当的。

这就是目前最权威的法律解释。

不过，在中国，不用说改姓，就是改个名字也不是简单的事。我的名字我也做不了主！

2002年5月21日发布的《公安部关于父母离婚后子女姓名变更有关问题的批复》指出，根据最高人民法院《关于变更子女姓氏问题的复函》的有关精神，对于离婚双方未经协商或协商未达成一致意见而其中一方要求变更子女姓名的，公安机关可以拒绝受理；对一方因向公安机关隐瞒离婚事实，而取得子女姓名变更的，若另一方要求恢复其子女原姓名且离婚双方协商不成，公安机关应予以恢复。

我们的立法上确实有疏忽，对利用监护人对子女的姓名申报权侵犯他人利益的行为没有界定。简单地说，如果我与邻居有矛盾，邻居给他自己的儿子起名"王学堂"，我怎么维权？再如，我对邻居张老三有矛盾，我就给自己的小狗命名为"张老三"，邻居张老三又怎样制止我的不法？这些问题在现行法律下一头雾水。其实，本来有个机会，那就是一段时间沸沸扬扬的赵 C 案，本来可以通过最高司法机关来个规范，可惜被和谐了。在调解之下，双方最后达成和解，赵 C 将用规范汉字更改名字，鹰潭市月湖区公安分局将免费为赵 C 办理更名手续。从这个案件来看，法院是支持了公安机关不准许公民名 C 的决定的。

孩子的姓和名，到底谁说了算？目前是个不好说的问题。

一言难尽探视权

对大多数人来说，离婚了想看孩子，一个字：难！

明星孙楠与买红妹因离婚后探望子女纠纷，引发报警、官司，最后引起隐私大曝光。孙楠在 2011 年三十晚上微博发文，自曝不知孩子去向，短短几句话尽现父爱情深。孙楠微博说：过年了，已经两年春节爸爸不能和你们一起放炮了！我最爱的孩子们，你们在哪里啊？爸爸找不到你们！爸爸想你们！不管你们在哪儿，爸爸永远牵挂着你们……

从法理上，买红妹侵犯了孙楠的探望权。

计划生育使现代家庭基本上都是独生子女，亲生父母对子女的疼爱更是人之常情。离婚后不直接抚养子女的一方，不能顺利地看望自己的亲生子女，对其是精神折磨，其想念子女、希望享受天伦之乐的正常情感不能得到慰藉，自然会激化离婚夫妻的矛盾，影响社会安定。

《婚姻法》第 38 条第 1 款规定："离婚后，不直接抚养子女的父或母，有探望子女的权利，另一方有协助的义务。行使探望权利的方式、时间由当事人协议，协议不成时，由人民法院判决。父或母探望子女，不利于子女身心健康的，由人民法院依法中止探望权利；中止的事由消失后，应当恢复探望的权利。"这一法律规定，对于离婚双方当事人的亲权起了重要的保护作用，受到社会各界的普遍欢迎。

但尽管有规定，往往抚养子女一方仍然拒绝探望子女。理由大多是为了子女好，一方的探望"不利于子女身心健康"。《最高人民法院关于适用

离婚为什么

〈中华人民共和国婚姻法〉若干问题的解释（一）》第 25 条、第 26 条规
定：当事人在履行生效判决、裁定或者调解书的过程中，请求中止行使探
望权的，人民法院在征询双方当事人意见后，认为需要中止行使探望权
的，依法作出裁定。中止探望权的情形消失后，人民法院应当根据当事人
的申请通知其恢复探望权的行使。未成年子女、直接抚养子女的父或母及
其他对未成年子女负担抚养、教育义务的法定监护人，有权向人民法院提
出中止探望权的请求。

　　周先生离婚时刚上小学的孩子判给了前妻抚养。当时双方未就如何探
望孩子的问题形成书面意见，前妻对周先生说，他想什么时候看孩子都可
以。十一黄金周期间，周先生想把孩子接到自己家中住几天，却遭到了前
妻的反对，理由是孩子十一期间还要上辅导班。周先生想问：他有权要求
与孩子共同居住吗？如果他起诉前妻要求探望权，会得到支持吗？❶

　　探望权的行使方式有两种，第一种是看望性探望，就是未与子女一起
生活的父或母定期看望子女一次，可以在子女生活的住所地进行，也可以
将子女接出几个小时，晚上送回原住处。第二种是共居性探望，就是将子
女在寒假、暑假或黄金周期间接去与自己共同生活一段时间。

　　法官在审判实践中一般作如下处理：（1）允许权利人在母亲节、父亲
节等具有特殊意义的日子探望。（2）在祖父母或外祖父母对孩子照顾较多
的情况下，允许权利人在祖父母或外祖父母大寿期间进行探望。（3）原则
上允许黄金周期间的共居性探望要求，但将子女在假期的兴趣班等学习活
动与共居性探望结合，使子女的在校教育与家庭教育取得平衡。

　　行使探望权的方式、时间一般先由当事人协议，协议不成时才由法院
判决。必须牢记，法院审理离婚案件时，如果夫妻双方对探望孩子的问题
没有特别要求，法院一般不会在离婚判决中解决。

　　在探望权案件中，经常会有离婚的父母把双方的恩怨转嫁到孩子身
上。对于不抚养孩子的一方来说，他们渴望与孩子团聚。而抚养孩子的一
方有时出于对对方的怨恨或怕打乱孩子的生活，拒绝对方探望，这就产生

---

❶　2007 年 12 月 6 日《法制晚报》。

了矛盾。孩子10周岁之前没有完全行为能力，所以父母如何探望孩子是由父母协议做主的。如果孩子满10周岁，法官在审理探望权案件时会询问孩子的意见。

探望权随意性较大，对于多长时间探望一次、是否与孩子共居等没有判决标准，不能"一刀切"，完全依靠法官根据个案具体情况自由裁量。法官裁量的原则是有利于子女身心健康，此外还要考虑探望权权利人的居住状况、经济条件及健康状况。权利人应该具有较好的居住和生活条件，有良好的生活习惯，如不得有酗酒、赌博、吸毒等不良嗜好，在行使探望权时不得影响孩子正常的学习与生活。

法律不能强制感情，但我们看到离婚中的感情用事往往最终发泄到子女的探望权身上。郑州市特巡警二大队接110指令，在中原路西苑小区一女子报警称有人入室抢劫，嫌疑人已逃走。三分钟后，民警在小区门口发现嫌疑人并控制。民警将报案人田女士接了过来，当面一问情况，才发现事情并非如此。原来，田女士与被抓男子贾某是一对离婚的夫妻。因为她担心对方会抢走孩子，就不允许看，也拒绝开门。双方发生了激烈的争吵，贾某踢了门几脚，她一气之下便报警说有人入室抢劫。田女士因报假警，被移交到派出所接受处理。❶

《最高人民法院关于适用〈中华人民共和国婚姻法〉若干问题的解释（一）》第32条规定，"婚姻法第48条关于对拒不执行有关探望子女判决和裁定的，由人民法院依法强制执行的规定，是指对拒不履行协助另一方行使探望权的有关个人和单位采取拘留、罚款等强制措施，不能对子女的人身探望行为进行强制执行。

遇到了这种事，还真是麻烦，因为不可能天天麻烦法院来给你强制执行。

还有一个问题，就是离异一方再婚后，因再婚配偶阻挡而不能探望子女。

估计这种情况下，相信对大多数人来说，看与不看自己的孩子，都是一种艰难的抉择！

---

❶ 2008年4月15日百灵网。

纷争财与人

离婚中的财产战争

鸟为食死，人为财争。

在离婚案件中，夫妻双方对共同财产之争是一场没有硝烟的战争。

现年 43 岁的雷博诺夫列夫早年在医学院读药理学，1990 年开始投身商界。1995 年，他当上俄罗斯最大钾化肥企业的主席。在 2009 年《福布斯》杂志俄罗斯富豪排行榜上，雷博诺夫列夫以 56 亿英镑（约合人民币 561 亿元）身家排名第 10。雷博诺夫列夫和叶莲娜结婚 23 年，育有 2 名女儿。同为 43 岁的叶莲娜在离婚诉讼中，指丈夫多次背着她偷欢，和多名情妇在原本是夫妇两人名下共有的游艇上鬼混。她强调，不能忍受丈夫和其他女人乱搞关系。叶莲娜要求分得丈夫 38 亿英镑（约合人民币 391 亿元）身家，成为全球史上金额最高的离婚索偿案。❶

这桩婚姻，让外人看来，很难说感情因素了，因为金钱、财产之争已经掩盖了夫妻间的温情。世界各国的法律似乎都在向富豪们昭示——在离婚程序中，妇女和儿童享受着更多的保护。

那边厢，顶级富豪们为结束婚姻而忍痛"割肉"；这边厢，一位英国前名模把离婚变成了发财致富的"第二职业"。53 岁的苏珊·桑格斯特是英国一名前著名模特，在过去 30 年中她离过 3 次婚，从三名富豪前夫那儿获得了 1 800 万英镑的巨额赡养费。学乖了的第四任丈夫要求苏珊先

---

❶ 2010 年 7 月 9 日《西宁晚报》。

离婚为什么

签署一份婚前协议，规定一旦两人将来离婚，他们都只能带走婚前属于自己的财物，都不能申请瓜分对方的财产。

我国《婚姻法》第 19 条也有类似规定："夫妻可以约定婚姻关系存续期间所得的财产以及婚前财产归各自所有、共同所有或部分各自所有、部分共同所有。这基本上断绝了那些"学得好不如嫁得好"的主张嫁入豪门的女性通过婚姻改变地位的美梦。

我国民众对法律不信仰、不关心，这样明确的规定也没有阻挡"宁愿在宝马车里哭泣、也不在自行车上笑"的青春俏佳人的梦想。

由于我国目前的司法运行透明度问题，就现有资料，目前内地最大的婚姻财产纠纷诉讼案标的为 3.2 亿元人民币。余某是大连长江广场股份有限公司副董事长，台商。1996 年 5 月，张某与余某登记结婚，婚后两人生育一女。2002 年，张某向海南省高级法院提起诉讼，要求分割余某在长江公司所拥有的 25% 的股权，以及在双方婚姻存续期间，该股权所产生的收益，所涉及财产总额超过 3 亿元人民币。该案被媒体称为"全国最大的离婚财产纠纷案"。该案于 2006 年 12 月 20 日在最高法院公开审理。但后来不知所终。

意大利总理要离婚了，这是 2009 年 5 月 5 日各大媒体国际新闻的头条。贝卢斯科尼与拉里奥于 1990 年结婚。两人共生育 3 名子女。要说起来，这个贝卢斯科尼也是有点不像话。2007 年 2 月在一个颁奖礼上，贝卢斯科尼戏言，若自己未婚必定娶女星卡尔法尼亚，还对另一名女明星称，愿与她私奔。贝卢斯科尼 2008 年 4 月第三度当选总理，在国会发表上任后首次演说时，竟传纸条挑逗两名女议员。11 月，意大利一家电视台公开电话监听录音，显示贝氏曾与多名女演员私下调情。真是总理不像总理，媒体不像媒体。总理当然不能举止轻浮，但这是你媒体可以监听的吗？意国的媒体一点也不讲大局，不注意政治导向。这一点，无论是我们的官员还是我们的媒体都要好一些。官员一般都是笔笔挺挺地端坐在主席台上。而媒体呢，则只报出那些被人民法办了的官员"生活腐化堕落"。

英国媒体认为，贝卢斯科尼可能创造历史上最昂贵离婚案纪录。作为意大利第三大富豪，贝氏不仅经营金融投资公司、电视台、报社和出版社，他还是著名的足球俱乐部 AC 米兰的老板，他的财富总额估计超过 60 亿英镑。一旦离婚，拉里奥有望分得其 1/3 财产。就是说一离婚，贝卢斯科尼的财产缩水 1/3。这可不是好玩的。贝氏不只是名誉受损，而且金钱损失也不少。

纵观世界富豪，离婚都是大出血。2002 年，时年 83 岁铁腕老板萨姆纳·雷德斯通离婚，其付出的代价是 30 亿美元（约合人民币 203 亿元）赡养费。1998 年，世界传媒大鳄默多克向前妻支付了 18.47 亿美元（当时约合人民币 125 亿元）。

在世界其他国家，富豪抛弃结发之妻并不是容易的事，不像我国，"升官、发财、死老婆"竟然能成为中年男人三大喜事。这是我们的悲哀。

根据美国 Divorce360 网站的调查数据，一起经过法庭辩论的离婚案件中，一对至少拥有一个孩子的夫妇需要花费 5.3 万美元至 18.8 万美元不等，这其中包括律师费、金融顾问费、咨询费以及离婚后另买或另租房屋的费用。

离婚太贵还和要支付大笔抚养费有关。在美国，女人做家庭妇女的挺多，而且美国人对家庭妇女的看法不像我们国内那样。一旦离婚，丈夫就倒霉了。如果前妻没工作，还得支付她一定抚养费，直到她再结婚为止。如果人家就交男朋友不结婚，这钱还得给。真是花钱让人家自在。

如果有孩子，抚养费更是一大笔。一个孩子抚养费大概就是收入的 25% 左右，若有 3 个孩子，基本上工资的一半全交抚养费了。女的也一样，如果老公不幸失业了，一旦离婚，她也得给他一定抚养费。❶

在美国，离婚程序也变得越来越复杂。据统计，美国人办理离婚一般要花一年。在加州，从申请离婚到拿到离婚裁决书，至少要 6 个月时间。❷

看来，世界各国的趋势无不是加大离婚的代价。由于离婚的代价太大，很多人不得不维持鸡肋婚姻凑合着过。

---

❶　2008 年 12 月 3 日《法制日报》。
❷　2010 年 3 月 25 日《哈尔滨日报》。

离婚为什么

　　估计在中国，这样的家庭也不是少数。前段时间，有一位妇女向我咨询离婚，我让她开列一下家庭主要财产。结果她一口气开了 53 套房子，北京、上海、广州都有，吓我一跳！当然，你我是没有可比性的，她老公是房地产商！就这种案件，我仍然劝说她不要离了，因为她丈夫属于"外面彩旗飘飘，家中红旗不倒"的那种，她也对他有感情，不过是想借离婚吓唬他。"听人劝，吃饱饭"。据说现在两公婆感情还好。

　　虽然在我国，法律是提倡离婚自由，但对我们普通百姓来说，这个自由不自由关系不太大，因为你即便有自由了，估计也就是一夫一妻，因为你没钱。对某些人来说，这个法律的好处是换来别人的问候"今天你离了吗?"对有钱人来说，离婚也等于拉开了一场财产大战。

　　见多了确实已无感情、但因财产而执意决斗到底的夫妻。当婚姻变成了商业，当夫妻变成了商人，在斤斤计较中，你看不到温情，看不到人生的美好，看到的只是人性在财产面前的贪婪与无耻。

军功章有你的一半吗

一般情况是这样的。

"军功章啊有你的一半，也有我的一半"，这句脍炙人口的歌词，浅显易懂地反映出夫妻一方婚后获得的荣誉（财产），既是自己奋斗的成果，也凝聚着配偶的汗水和心血。所谓"每一个成功的男人背后，总有一个坚强付出的女人"。

事业如日中天的男人，他所取得的一切成绩，离不开个人的不懈努力，离不开各方面的培养支持，更离不开妻子的共同奋斗；包含着自己的劳动所得，更包含着妻子的心血和汗水。现实生活中，有些要抛弃自己结发妻子的男人，往往大言不惭地说："大不了我把财产多给她一些。"其实，这种观点存在很大的误区。法律上能界定的只是有形资产。对于名誉、地位、知识、经验等无形资产，法律是无法分割的，但里面浸润着妻子岁月折旧的价值转移，是不争的事实。特别要看到，妇女生儿育女，付出的辛苦比丈夫更多更大。俗话说"十月怀胎，一朝分娩"，都由母亲一个人承担。儿女由小到大，母亲操心最多。每一个父亲都应该意识到，当儿女欢快地叫你一声"爸爸"时，你是在分享妻子艰辛抚育子女所换来的甘甜。

此即婚姻法上的夫妻共同财产制度。一般而言，在婚姻关系存续期间，夫妻双方或一方所得的财产，除法律另有规定或者夫妻另有约定外，均为夫妻共同所有，夫妻对共同所有的财产平等地享有占有、使用、收益

179

和处分的权利。

夫妻共同财产制具有以下特征：一是夫妻共同财产所有权的主体，只能是具有合法婚姻关系的夫妻。二是夫妻共同财产的范围只限于婚后所得的财产。所谓"婚后所得"，是指财产权的取得时间是在婚姻关系存续期间。即从婚姻关系发生效力之日起，到配偶一方死亡或离婚生效时止。三是并非所有的婚后所得财产均是共同财产。对于夫妻一方婚后所得的财产，除了依照《婚姻法》第18条的规定或者夫妻约定归一方个人所有之外，均属于夫妻共同时产。因此，对于某些婚后所得的财产，夫妻一方主张应为其个人财产的，须承担证明责任。如果不能证明应归其个人所有的，应认定为夫妻共同财产。对于无法确定到底为一方的婚前财产还是婚后所得的财产，也应认定为夫妻共同财产。

《婚姻法》第17条规定："夫妻在婚姻关系存续期间所得的下列财产，归夫妻共同所有：（一）工资、奖金；（二）生产、经营的收益；（三）知识产权的收益；（四）继承或赠与所得的财产，但本法第十八条第三项规定的除外（指遗嘱或赠与合同中确定只归夫或妻一方的财产）；（五）其他应当归共同所有的财产。"

《最高人民法院关于人民法院审理离婚案件处理财产分割问题的若干具体意见》第4条规定："夫妻分居两地分别管理、使用的婚后所得财产，应认定为夫妻共同财产。在分割财产时，各自分别管理、使用的财产归各自所有。双方所分财产相差悬殊的，差额部分，由多得财产的一方以与差额相当的财产抵偿另一方。"

金钱有价易分割，荣誉无价难折中。夫妻关系存续期间一方奋斗获得的荣誉奖励，离婚时却不能你一半我一半那样简单。

2002年，上海静安区法院在对气手枪奥运冠军陶璐娜离婚案作出宣判时指出，陶璐娜获得奥运冠军，国家相关部门及社会有关人士给予奖励与捐赠是对她为国争光的褒奖，也是她长期以来克服困难、刻苦训练的回报。但就《婚姻法》规定而言，上述奖励和捐赠款项在无特定指向归陶璐娜所有时，夫妻在婚姻关系存续期间所得的奖金与获赠财物应认定为夫妻共同财产，归夫妻共有。在具体分割中，法院判给陶璐娜夫妻共同财产中的 70%，判给其夫 30%。而陶璐娜获得奥运冠军后，霍英东奖励的金牌一枚和广东健力宝集团赠送的奥运冠军纯金健力宝大厦模型一件（价值人民币 4 万元）均被法院判决由陶璐娜个人所有。理由是运动员参加国际国内体育比赛所获奖牌、奖金，系个人荣誉，有着特定人身性质，不具有共同财产的属性，不应视为夫妻共同财产分割。

法律相对于现实生活的发展总是滞后的。

近两年发生了一起因游戏结缘结婚，又因游戏结怨离婚的案件。北京的一对青年男女因爱好网络游戏而相识，很快坠入爱河，走进了婚姻殿堂。然而，这一共同爱好却令双方的婚姻生活面临诸多问题。由于都喜欢打游戏，夫妇俩谁也不做家务，吃饭叫外卖，家里凌乱不堪就互相指责。才结婚两年时间双方就闹离婚。不过在财产分割上，两人争执不下的竟是网游的装备。妻子要求平分，丈夫则坚持自己的账号就代表所有权。最终法院认为，虚拟财产只有与现实社会发生具有法律意义的联系时，才能进入法律调整范畴，因此驳回了该项诉讼请求。❶

因为婚姻中的财产难以厘清，在对婚姻法修改草案的全民讨论中，许多人建议在该法中对婚前财产公证予以规定，认为明确婚前财产归属对减少日后离婚时财产争执会起到积极作用。

当然，如果说你财产数量较大、数额较大，也就是说你经济条件较好，特别是你不怕伤感情（在中国，婚前婚后财产公证都有伤夫妻感情），我还是主张你公证的，以后会省很多麻烦。据说在法国婚姻契约必须公证，配偶要解除婚姻也须公证。所以浪漫的法国"用理性守护浪漫，还可以促成浪漫的转化"，较少发生财产争执。

不过中国的事情，不要想得太简单。

尽管是学法律的人，但我却实在不喜欢什么夫妻财产分别制度、婚前财产登记等所谓"依法治家"的东东。不过我和太太倒是真的有婚前财产登记。那是 1998 年，我和太太进行婚姻登记，竟然被强行要求进行婚前财产公证。当时我在法院工作。学过的法律告诉我这种强制没有依据。负

---

❶ 2011 年 1 月 4 日《中国青年报》。

离婚为什么

责登记的是个打扮入时的小少妇，似乎没有见过我这种愣头愣脑的愣头青。我们老家是个小城，以农民居多，大多数人安于本分。于是换出来了公证处的人。"为什么公证？""这是有文件的。""文件？"对方拿出了一份司法局和民政局《关于在婚姻登记中推行公证制度的指导意见》。文件中有一些大的名头，"明确婚前财产归属对减少日后离婚时财产争执会起到积极作用"。如果说是在今天，一定要写上可以"构建和谐社会"、深入实践"科学发展观"的。有些部门为了钱是不惜拉大旗的。我说，这份文件中也只是说建议公证，而不是必须公证。对方不再解释，反正你不交这20元钱就盖不上婚姻登记那个章，也拿不到那个红本本。没有这个红本本，你就不是合法夫妻。当然，你可以有夫妻关系，但法律上没有给你个明确说法。后来，还是太太灵活一些。她把我拉到一边，"我们缺这20块钱吗？"我无语。这不是20元钱的事。这关系到法律人的信念！"我们结婚不是为了图个痛快吗？干吗找这种麻烦？"最终听从了太太的话。于是就有了两张特别的婚前财产登记书。名字当然是我和太太。婚前个人财产：无。婚后财产：共有。就这两张纸，收了我20元。我老家每年得有万对左右的青年结婚，这个数字是多少？每年乱收费20万元。

我一直有个主张：婚姻登记应当免费。因为这种登记是国家强制的，更重要的是：绝对没有国民为了贪图这点便宜而一定要多登记几次。就此，我算是与公证处结下了梁子。因为这样的公证处不过是打着法律的旗号在践踏法律！更为可怕的是，十年过去了，许多地方依然在如此操作。后来，我在那个地方混多了，终于知道了事情的真相。登记机关有些官老爷的孩子或儿媳妇没有工作，于是就安排给公证处的公证员做助手，这两个部门迅速达成了协议，领导的孩子或儿媳妇们有了工作，有了收入（当然不高，也就五六百元，而我，一个大学毕业的国家正式公务员，当时也不过600多元）。法律与权贵结合，受伤的只能是我们老百姓。今天，再次想起这件事，仍然气愤不已。

我知道，婚前财产公证在司法实务界及公证界，呼声相当高。但2001年修订的《婚姻法》给他们泼了一瓢冷水。该法第19条规定：夫妻可以约定婚姻关系存续期间所得的财产以及婚前财产归各自所有、共同所有或部分各自所有、部分共同所有。约定应当采用书面形式。……夫妻对婚姻关系存续期间所得的财产以及婚前财产的约定，对双方具有约束力。

可见该法虽承认婚前财产公证，但对强制性公证是予以否定的。之所以如此，似可作如下分析：一是婚前财产公证没能体现公证的真实性原则。当前的婚前公证只是根据双方当事人的陈述，至于夫妻双方真正的财产有无及归属情况并不作调查，从而助长了双方当事人恶意串通规避法律的可能，也极易在以后引发争执。如我原来供职的法院审理的一起离婚案件，双方所争执的电冰箱，实际上并没有购买，但公证书上写着属女方婚前财产。结果一方说有，一方说无，不可开交。具有法律效力的公证书与事实相悖，给审判工作带来很大麻烦。二是有乱收费、加重当事人负担之嫌。现行的婚前公证都设在民政局，是采取与登记相结合的不公证不予登记的办法，有搭车收费的性质。三是当前的财产公证流于形式。因为我们国家的传统是以举行结婚仪式为婚姻生活的开始，在登记时双方当事人一般只购买少量财产，有的则根本没买，我们见到大量的公证书上只写着婚后财产属夫妻共有。试问，这与不公证何异？

因此，婚姻法的修改对此未予强制性规定，而予以任意性规范，由当事人自行选择，实为明智之举。

夫妻可互查财产吗

财产有时比婚姻还重要?

于 2011 年 5 月 1 日起施行的《济南市妇女权益保障若干规定》第 24 条规定:"夫妻一方持身份证、户口本和结婚证等证明夫妻关系的有效证件,可以向工商行政、住房保障、车辆管理等部门申请查询另一方的财产状况,有关行政管理部门或者单位应当受理,并为其出具相应的书面材料。在离婚诉讼期间,夫妻一方因客观原因不能自行收集夫妻共有财产证据的,可以向人民法院申请调查收集。"

这项旨在"保障妇女的合法权益,促进男女平等"的法规条文引发网民的争议:一方权益得到保证的同时是否侵害对方的隐私权?新法是保护婚姻还是会影响夫妻信任?更有网友认为,这场争论的背后实际反映出当下人们对婚姻家庭责任感的缺失。

在婚姻关系越来越脆弱的当下,允许夫妻互查财产,到底是对婚姻的保护还是破坏?

在一些离婚案件中,一方通过转移、隐匿和出售等方式,隐瞒夫妻共同财产的真实情况,让另一方在分割夫妻共同财产时吃亏的事件时有发生。而男方往往在经济实力方面处于强势地位,女方处于弱势地位,因此这部法律在一定程度上可以保障女方在家庭共有财产方面的知情权。

《婚姻法》第 17 条规定,夫妻在婚姻关系存续期间所得的财产,归夫妻共同所有。《最高人民法院关于适用〈中华人民共和国婚姻法〉若干问题的解释（一）》第 17 条规定，"婚姻法第十七条关于'夫或妻对夫妻共同所有的财产，有平等的处理权'的规定，应当理解为：（一）夫或妻在处理夫妻共同财产上的权利是平等的。因日常生活需要而处理夫妻共同财产的，任何一方均有权决定。（二）夫或妻非因日常生活需要对夫妻共同财产做重要处理决定，夫妻双方应当平等协商，取得一致意见。他人有理由相信其为夫妻双方共同意思表示的，另一方不得以不同意或不知道为由对抗善意第三人。"

从法律的角度看，《婚姻法》规定婚姻关系存续期间的财产为夫妻共同财产。法律规定的财产"共同"性，就是夫妻双方在财产知情、占有、使用、收益、处分等权能上的完全平等。因而，合法夫妻间互查财产实际上是行使财产知情权，也是行使夫妻财产共同所有权的表现。由是观之，立法保护夫妻任何一方的财产知情权，根本上就是保护每个人的合法权益，并不存在对婚姻的破坏。相反，还是对那些没有依法履行婚约者的具体而有效的约束。

王某与李某于 2004 年 8 月登记结婚，结婚时二人均系再婚。婚后，丈夫李某到妻子王某家中生活，一同劳动，并将务工所得收入交王某管理。后二人因感情不和经常吵架，2005 年 6 月二人因晒麦一事发生争吵，引起打骂，李某由此心生怨气，离开王某家回原籍生活。2005 年 11 月，王某到河南渑池县法院起诉，要求与李某离婚。李某应诉后辩称，同意与李某离婚，但李某应给付王某在其家中劳动 10 个月的报酬及经济损失共计 20 450 元。法院认为，原被告婚姻基础较差，原告王某要求离婚，被告李某同意，法院依法应予支持。在离婚时，被告李某反诉要求原告王某给付结婚期间在女方家中生活时的劳务报酬，不符合《婚姻法》关于夫妻共同生活期间的劳动所得属夫妻共同财产的规定，为此对被告李某的反诉请求不予支持。据此，法院判决原告王某与被告李某离婚，原告王某给付被告李某应得财产 1 500 元，驳回被告的反诉请求。❶

这一案例再次印证了夫妻财产共有的主张。

---

❶ 2006 年 1 月 9 日《人民法院报》。

离婚为什么

2010 年全国"两会"期间，身为《中国美容时尚报》社长的政协委员张晓梅提出"实施家务劳动工资化"的建议，俗称"老婆做家务老公发工资"，一时弹赞交加。反对的理由亦是如上。因为既然是夫妻共同财产，那还不是从左口袋放入右口袋？

中国传统女性的想法是："连我的人都是你的了，你又有什么不该是我的呢"？因此女性有更强烈的掌管家庭财务的愿望。按"男主外，女主内"的传统，大多家庭都是由女性掌管家庭财务。在涉及具体消费决策时，由女性做主的主要集中在"吃""穿""日常用品"上，而夫妻共同做主的主要集中在"大宗电器""贵重物品"及"买房、买车"等大额消费上。

但今天，女性对家庭财产的控制力却正在减弱。许多向我咨询离婚的女士不能提供家庭共同财产的数量，更不用说明细了。据一项调查显示，超过四成的妻子不清楚丈夫工资以外的收入，八成以上的妻子不了解丈夫公司或生意的经营状况。公司股份和经营收入可能是夫妻共同财产中最复杂的形式，涉及财产的数额往往比较大，成为许多夫妻财产纠纷尤其是离婚财产纠纷矛盾的焦点。

我们知道，法律从来都不是空穴来风。立法的一个突出特点就是对现实社会问题的回应，夫妻互查财产的规定也不例外。有专家认为，这背后反映出当代社会人们对婚姻家庭责任感的缺失，"包二奶"、婚外恋、高离婚率就是具体表现。这并非危言耸听。种种迹象表明，在婚姻关系越来越脆弱的当下，单一依赖伦理道德自律已十分乏力，而法律才是保护弱者合法权益最有效的手段。尤其是借助法律的刚性力量保护处于婚姻相对弱势的一方，使其不至于在离婚时人财两空，更是不可或缺的。

家庭是社会的细胞，婚姻问题也是社会问题。这些年来，不乏婚姻矛盾演化成恶性案件，乃至殃及他人的社会问题事件。从这一角度看，以法律保护夫妻财产的知情权和所有权，管的不是家庭事务的"私事"，而是依法维护社会和谐的"公事"。

当然，婚姻既是感情的结合，也是经济的结合，婚姻关系既是法律契约，也是感情契约，单纯的财产互查是难以维系情感的。

而且，法律不是万能的！

第十一届全国人大四次会议发言人李肇星答记者问时说，"并不是所有问题都要通过立法来解决，能够通过其他调整手段解决的，就没有必要制定法律。"❶ 此言对矣！这说明我们高层已经认识到了法律的局限性问题！

法律不能包打天下，于结婚是如此，于夫妻情感更是如此！

---

❶ 2011 年 3 月 5 日《人民日报》。

房子啊，房子

一般情况下，离婚都要解决三个问题：感情，子女，财产。

近年来，城市房价的日新月异式攀高引发了都市民众的心理恐慌，歌曲《月亮之上》的走红被人戏称为"丈母娘经济"的结果。"我在遥望，大盘之上，有多少房价在自由地上涨。昨天已忘，风干了好房，我要和你重逢在没房的路上。房价已被牵引，质落价涨，有房的日子，远在天堂。呕也，呕也，呕也。谁在呼唤，行情多长，挣钱的渴望像白云在飘荡。东边割肉，西边喂狼，一摞摞的钞票，就送到了银行。在房价沧桑中，房子在何方？"

房产是当下公民最重要的生活资料，与民众生活具有密切的联系，对整个社会都具有重大的政治意义、经济意义。2011年"两会"召开前夕，温家宝总理同海内外网友进行在线交流。总理发出感慨：在这里我也想说一点对房地产商的话，我没有调查你们每一个房地产商的利润，但是我认为房地产商作为社会的一个成员，你们应该对社会尽到应有的责任，你们的身上也应该流着道德的血液。

可惜，总经理不听总理的话。大多数人认为，同房地产商谈道德，无异于与虎谋皮。专门讲房价的电影版《武林外传》中佟掌柜说"以跟你们（开发商）生活在一个朝代而感到耻辱"。

对多数当事人而言，房产是婚姻中投资最大的一项财产，在财产分割中无疑是最重要的问题。对此，《婚姻法》却没有进行特别规定。在审判实践中，法官经常可以遇到男女双方表示愿意解除婚姻关系，但却为争夺房产而唇枪舌剑，甚至闹得焦头烂额的情形。

明确一点：2001年《婚姻法》实施后，原来司法解释中属于婚前个人所有的房产，夫妻共同生活八年后将转化为共同财产的规定，不再适用。

年轻人结婚都想拥有一套自己的新房，但如今高昂的房价令大多数新人无法完全靠自己的力量来达成这个愿望，即使是贷款也交不起首付。所以大多数人新婚购房的首付都是由父母支付，他们婚后再慢慢还贷。

但这样就不可避免地遇到一个现实且有争议的问题，就是用这么多人的力量来支付新婚夫妇的房子，如果离婚时是谁的？

《最高人民法院关于适用〈中华人民共和国婚姻法〉若干问题的解释（二）》第21条第1款规定："离婚时双方对尚未取得所有权或者尚未取得完全所有权的房屋有争议且协商不成的，人民法院不宜判决房屋所有权的归属，应当根据实际情况判决由当事人使用。"显然这种规定不能解决法官处理该类争议时的法律适用问题。关键是面对争议，在双方当事人不能协商处理时，法官不能拒绝裁判。

刘女与张男离婚，2002年8月，广州海珠区法院作出一审判决：准许两人离婚，房子两室由刘女、张男各住一间，客厅、厨房、厕所、阳台则由两人共用。这样的判决令刘女尴尬不已。为此，她将案子上诉至广州中院，要求将房子判给她，由她将一半房产评估款补偿给张男。广州中院维持原判。2004年4月，广东省检察院向广东省高院提出抗诉。省检察院认为，在离婚双方矛盾尖锐的情况下，法院判决刘女和张男共同居住一套房屋是不恰当的，有违最高人民法院有关规定的精神。省检察院建议，为了避免两人发生不必要的冲突，法院应将房子判归抚养孩子的刘女所有，并由她付给张男补偿款。由于抗诉，案件又回到了广州中院再审。但广州中院坚持认为，双方各占一半产权并分开使用，符合法律规定和实际需要，并没有错，最后维持原判。

离婚夫妻同居一室，想来都麻烦！

虽然法律上规定财产平均分配，但法官在分割家产时考虑的不是财产法问题,而是考虑家庭生活、社会公正、保护弱者等更为基本的原则。

离婚时如果双方都想得到房子,法院判决时一般会考虑以下因素:

(1)孩子归谁抚养。一般情况下,孩子归谁抚养,房子判归谁的可能性会较大。

(2)照顾无过错一方。比如,另一方有《婚姻法》46条规定的四种恶习,即有重婚、同居、暴力、遗弃或其他重大过错的情形,法院会酌情考虑无过错一方的权益。

(3)如果双方条件相同,又没有孩子,法院还可能采用竞价方式解决房屋归属,即把房屋判给出价最高的一方,另一方拿取折价款。

《最高人民法院关于适用〈中华人民共和国婚姻法〉若干问题的解释(一)》第 27 条第 3 款规定:"离婚时,一方以个人财产中的住房对困难者进行帮助的形式,可以是房屋的居住权或者房屋的所有权。"根据该规定,离婚时,一方无房可居属于生活困难,双方可以协商或者法院可以判决有房一方以居住权或者房屋的所有权予以帮助。

佛山三水区的钱先生和前妻冯女士已经法院判决离婚,但冯女士和女儿却一直住在钱先生的房子里,就是不肯搬走。钱先生无奈,将前妻和女儿告上法庭,要求她们搬离,不想法官在审理中告知,在住房上,钱先生有义务给予前妻适当的帮助。钱先生不明白,都离了婚,前妻有没有房子住,与自己又有何关系?

事情要从 2003 年说起,带着独子的钱先生与离婚后带着独女的冯女士相识相恋。不久,冯女士带着女儿从外乡嫁到钱先生家,好景不长,这对半路夫妻经常因各种原因发生争吵。后来竟发展到十天半个月互不说话的地步。2009 年,钱先生先后两次向法院起诉离婚,法院在查明双方感情确已破裂、和好无望的情况下,判决准予两人离婚,冯女士的女儿由她抚养。离婚后,冯女士和女儿仍居住在钱先生的房屋内。钱先生遂以双方已离婚为由,多次要求冯某搬离。但冯女士也有自己的委屈,自己一个外乡人,没有住房,日子怎样过?所以,冯女士提出让她们母女在钱先生住房内先住上三五年,待找到新住处再搬,但钱先生对此提议并不满意。见与前妻协商不成,冯女士又不肯搬走,钱先生又一纸诉状将前妻和女儿告上法庭，要求她们搬离。

法院在审理中认定，冯某是从外乡嫁到钱某家的，离婚时，双方没有就冯某的住房生活问题协商处理好。冯某离婚后，因经济条件等原因，无法解决两母女的居住问题。根据我国的婚姻法及其司法解释，一方离婚后没有住处，生活困难的，另一方应给予适当的帮助，可以以个人财产中的住房居住权或所有权给予帮助。所以冯某提出在钱某现住房内居住一段时间，以缓冲住房困难问题是有法律根据的。钱某不想离婚后双方还住在同一屋檐下，遂提出愿意出钱帮冯某在外租房。后在法院主持下，双方自愿达成调解协议，即钱某给予冯某 2.5 万元经济帮助，冯某搬离现居住的钱某住房。❶

要回自己的房子，还得用 25 000 元交换，你说冯先生冤不冤？

房子啊，房子！

❶　2011 年 2 月 24 日《南方日报》。

彩礼该怎么处理

彩礼，财力；才离，财离。

彩礼，有的地方称为聘礼、纳彩等，是中国几千年来的一种婚嫁风俗。目前，在我国广大农村，结婚给付彩礼现象仍然比较普遍。就是在城市里，在订婚时男方（家长）往往也要给女方一定的订婚钱。许多生活本不富裕的家庭，为了给付彩礼而债台高筑，造成了极其沉重的经济负担；而且，这种行为极易造成买卖婚姻、强迫婚姻等违反婚姻法所规定的婚姻自由的现象。因此，《婚姻法》第3条明确规定，禁止包办、买卖婚姻和其他干涉婚姻自由的行为。禁止借婚姻索取财物。

但规定归规定，彩礼现象现实存在。

《最高人民法院关于适用〈中华人民共和国婚姻法〉若干问题的解释（二）》第10条规定，"当事人请求返还按照习俗给付的彩礼的，如果查明属于以下情形，人民法院应当予以支持：（一）双方未办理结婚登记手续的；（二）双方办理结婚登记手续但确未共同生活的；（三）婚前给付并导致给付人生活困难的。适用前款第（二）、（三）项的规定，应当以双方离婚为条件。"这是目前处理彩礼问题的惟一法律条文。

条文不复杂，但现实中这方面的问题不少。

如有一咨询：我（咨询人）姐姐与一人按农村风俗见面，双方订立了婚姻关系。后男方因我姐姐先前有相好而提出解除婚约（未登记）。但我姐姐一直等了两年才嫁出。现男方起诉法院，要求我姐姐、我父母共同返

192

还 15 000 元彩礼款（有欠条）。

将事实与上述法条相对应，估计这个问题大家都能给出正确答案，因为太简单了！

我告诉他，最好找媒人协商退男方点钱好了。这样双方可以调解一下，是个双赢的结果。

没想到，这个咨询人不满意了，"问题应该不会这样解决的。我家里不会同意的，毕竟是他们先对不起我家的，钱的事不算主要原因，主要的是面子问题，我姐姐许给他也付了聘礼，就这样无缘无故地说不要就不要了。是吧？"

我该怎么回答呢？我实在想不出。因为在中国，面子可是个要人命的问题。

他继续说，"我已经在网上咨询许多人了，也有很多律师，他们都说我家一定能打赢这个官司的。"

原来，他就是找我来求证这个结果的！我无话可说。但愿他家这场官司能胜诉吧。

说起我国的彩礼，可是有起源的。

婚姻是人生大事，现代青年男女，两个人感情发展到一定阶段，想要立业成家（现在立业不容易，成家倒相对容易，前提是你搞定了丈母娘），只要符合年龄和其他法律规定，就可以拿到具有法律保护伞性质（受法律保护）的结婚证书。而古代没有婚姻登记这一说，于是在漫长的历史发展进程中，形成了"六礼"制度。这一制度对历代婚礼的演变始终起着主导作用，甚至对当代新婚俗仪式也产生重大影响，因为今天的婚礼虽然形式有很多变化，但传统"六礼"的主体内容基本保存。

"六礼"是婚姻缔结六个不同的阶段，分别是纳采、问名、纳吉、纳征、请期和亲迎。

一是纳采。一家有女百家求，男方家请媒人到女方家提亲，如姑娘家不拒绝，那男方就要有所表示了。表示什么呢？不是项链不是戒指，也不是什么"三转一响"，而是一只大雁，此即《仪礼》中的所谓"昏礼下达，纳采用雁"。据说大雁在动物世界中至情至性，专一于配偶。当然，大雁毕竟是候鸟，而且捕获它也是件技术活，要是只因为弄不到大雁而耽误了婚姻大事显然划不来，因此后来大家都变通了，商定以鹅作为替代品。这种改变对男同志绝对有利，就算你娶上百八十个老婆也不成问题，大不了开个家鹅养殖场！将大雁改革为家鹅，也算古人早期的野生动物保护思潮吧。

二是问名。因为古人敬神事鬼，对于婆亲这样的大事免不了要占卜祷告一番。所以纳采后，男方家托媒人再到女方家问清女方姓名、出生年月日时，民间俗称为"下帖"。问名后来发展到问生母的身份（是妻还是妾，以辨别女方是嫡出还是庶出）、门第和职位高低、财产以及容貌、健康等方面。

三是纳吉。问名后，男方家将女方生辰八字和自己儿子的生辰八字开列，请巫卜"算命"，问吉凶祸福（俗称"合八字"）。占卜的结果是大吉大利，那就是纳吉了，婚礼程序继续向前推进。如果上天警示，这个未来媳妇可能是个"扫帚星"，和丈夫八字不合、命理相冲，那么对不起，程序到此终止。纳吉是把问名后占卜合婚的好结果通知女方家的仪式，现代多称"订婚"。

四是纳征。这是六礼中主要程序之一，婚约一经确立，即具有法律约束力，一方不得随意翻悔。这项婚礼又称"完聘""大聘"或"过大礼"。下聘礼后，虽未举行大婚，但女方名分已定，实质上夫妻关系已算确定。这也就是今天我们所谓"送彩礼"这个风俗。男女双方父母邀集部分亲友订立婚约仪式。由男方向女家交纳聘财，婚约至此成立。这对女家来说最实惠。

一些朋友望文生义以为纳采就是送彩礼，其实不然。因为古代皇家纳采时候送礼物也仅是一只大雁，民间估计也就鹅鸭之类。但纳征不一样，代表了男方和女方的名望身份，纳征的多少直接就关系到身份的贵贱。彩礼的时代特色鲜明，古时候是给绢帛之类，后来是金银财宝。几十年前的彩礼讲究多少个轮子多少个脚，流行过的三大件等，现在物质丰盛，人的要求也是五花八门，最好直接给人民币。由古至今，不管彩礼变成啥样，一个永恒不变的真理是：小女婿家给得再多，老丈人都欣然"笑纳"，而且给得越多，笑得越甜！据说唐朝时候，崔、卢、李、郑这些氏族名门嫁女儿，纳征的钱财多得吓人，动辄数十万贯。为此唐太宗李世民很是头疼，特意颁布了法律，禁止这种买卖婚姻性质的纳征。法自然可以随口出，但彩礼至今未禁。

五是请期。这是男方向女方家商订结婚日期的仪式。纳征后，男方与女方家协商完婚的日期，如女方家推辞则由男方家决定，民间俗称"提日子""送日子"。古代选择日期一般多请算命先生确定所谓"黄道吉日"，而且多以逢双的日子为主。现代这一习俗虽然保存，但在选择时多以有纪念意义的日子为主（如元旦节、五一节、国庆节等）。

六是亲迎。这是新婿亲往女家迎娶新娘的仪式。这个过程可谓险阻重重。结婚当天小女婿更是要上蹿下跳，红包乱发，才能把新娘子最终弄到家。

其实古代婚姻礼仪本身并不重要，而是礼仪本后所隐含的东西，礼主于敬。今人以为繁琐，实是不懂对婚礼程式的重视，也是对婚姻本身的一种敬重。过去的中国人，结婚要拜天地、拜父母、夫妻对拜，拜天地的目的是把天地作为自己的证婚人，发誓对对方的终身负责，让天地神明作证，监督自己的行为，如有违背，将受到神明的惩罚。

可惜现在的中国人结婚，只保留了结婚拜父母、夫妻对拜的形式，把拜天地当做迷信的东西抛弃了，只能从演古装戏的结婚中看到古代结婚的形式中有拜天地一说。结果，现在人结婚效率是高了，离婚率也高了，打着婚姻自由的招牌，以为追求自由幸福是人皆有之的权利，可是那么多因离婚带来的社会问题，又有谁来负责？

新中国成立后，《婚姻法》作保障，男女婚姻自由，婚礼从简，吃些糖果，或办酒数席，家人亲友欢聚庆贺，就当办婚礼了。特别是在文化大革命期间，我们追求"革命同志"的结婚，那时候把结婚的彩礼当成了"买卖婚姻"，因此革命群众是有觉悟的，自觉同旧社会的不良习气作斗争。但20世纪80年代起，随着生活水平提高，迎亲坐轿车，索高聘礼，大操大办酒席，讲排场、比阔气之风重新滋长。女方索要的"三转一响"从手表、自行车、缝纫机和收音机到彩电、冰箱、洗衣机、空调再到今天的手机、电脑、汽车和房子，真正是与时俱进。

我老家是山东农村，村里的年轻人结婚，一般都分三步走：相亲、定亲、结婚。

先说相亲，按祖传风俗，青年男女见面相亲，若男方相中女方就给她送个十块八块的见面礼，这叫"相钱"。可现在这"相钱"也太离谱了，女方动辄就要一万零一元，还美其名曰"万里挑一"。

相完亲再定亲。女方家七大姑八大姨，七八杆子绊拉不着的人也来凑热闹，大小车辆浩浩荡荡到男方家猛吃海喝一顿，就算把亲事定下了。临走还要拿上一万五千一十元，这美其名曰"万无一失"。

订完亲就谈婚论嫁了。彩礼不算，仅一处房子连盖带装修没有十几万下不来。更有甚者明明生活在农村，放着在农村盖好的房子不要，却偏要到城里买楼。

粗略一算，从相亲到结婚没有小二十万媳妇进不了家门。这对于终日面朝黄土背朝天，完全依赖种植蔬菜大棚和种地的多数村民来说，无异于天文数字。不少村民慨叹："这儿媳妇俺是娶不起了"。

小三无罪！小三有理？

为什么不能向小三索赔？

有个段子。电视台有位漂亮的女节目主持人，结婚多年后没有生育。有一天，电视台全体职工开大会。熟悉官场的人都知道，往往是上面开大会，下面开小会。有位大姐就关切地问她，"你怎么还没有怀孕啊？"她说，"我也觉得很奇怪，你说是我的原因吧，我结婚以前流产过好几次。如果说是我老公的原因"，她指了指会议的主席台，"难道说主席台上那些人都不行？"

在中国，通奸叫搞破鞋，挺形象的。至于在演艺圈，女演员陪导演睡觉似乎是人人皆知的潜规则。2011年3月知名作家赵丽华爆料某90后女演员夜敲导演门欲献身，导演与该女的父亲取得联系，得到的回复竟然是他默许女儿的行为，其父称："您别客气，就按规矩办！"一时成为笑谈。

也别光笑话人家演艺界，在我们以法律专家为主流的法学界也有这样的事。2005年某期的《法制日报》曾经刊登过一件事，"×教授2005年双喜临门，小女儿出生了，大女儿结婚了"。这在某些知名法学教授那儿不是什么丢人的事。

2008年韩国艺人玉素利因通奸被判入狱8个月。这让国人大吃一惊，韩国是文明发达国家也，法律竟然如此落后，连通奸都要入罪。其实，关于通奸入罪，韩国历来就有争议。就玉素利案，韩国国内就是否废除"通奸罪"展开辩论，70%韩国人支持保留。赞成废除的人称"法律不能管我们床头",支持保留的说这是为广大家庭妇女着想。

中国军阀吴佩孚的为人信条是:"不贪财,不好色,不纳妾,不嫖娼。"大量史实证明,吴佩孚是言行一致的。北伐战争之后,由于拒绝接受日本的诱降条件,拒绝做汉奸,拔牙的时候被日本人割喉致死(一说是病死在医院的)。吴佩孚的私德也让人佩服。1921 年 4 月 21 日,来自德国的露娜小姐在洛阳见到了吴佩孚,一见倾情,秋波频传,无奈大帅就是不领情,回去之后,露娜小姐对吴大帅下了"最后通牒"——一句话,译成中文就是:"吴大帅,我爱你,你爱我吗?"(想来这洋妞也真够开放的)吴佩孚看后大笑不止,提笔原信批了"老妻尚在"四个大字,命译员将此信送回。以老妻拒洋妞,吴佩孚的这等情怀有几人能比得了?岂不令当今包"二奶""三奶"者羞惭?

男人步入中年以后,才华日益凸显,事业卓有建树,个人魅力也与日俱增,人们常说"男人四十一枝花",就是这个道理。工作和社会交往总会结识各种各样的女性,有时也会遇到形形色色的诱惑。现实生活中也确有一些年轻女子,幻想"摘桃""干得好不如嫁得好"。于是,她们把目光瞄准有一定地位、财力的已婚成功男人。但大量的事实表明,养情妇、"包二奶"是要付出高昂的成本,甚至付出惨痛的代价的。当然,这主要是指男人而言。

"三"对中国真是个玄妙的数字,继"事不过三""三顾茅庐""三十而立""三人行必有我师"之后,"小三"又成为数字"三"的一个异样代表。

发展至今天,"小三"已经不再是民间八卦,逐步成为法院的重头戏。相当部分家庭的破碎、夫妻的离婚,是由第三者插足造成的。因此,第三者即使不是罪魁祸首,也是十恶不赦,应该受到法律的制裁。然而,根据有关法律的规定,在离婚案件中,无过错方只能向自己有过错的配偶提出损害赔偿,而没有权利要求第三者承担损害赔偿责任。

这世道还有天理吗?

2010 年 11 月 8 日,中国法学会婚姻法学研究会举行婚姻法颁布 60 周年纪念会。有消息称,"小三"或将被追究侵犯配偶权。然而第二天,参会专家就向闻讯而至的记者表示，该提法并未在会上讨论，更不存在所谓的立法。消息虽是误传，却重新勾起了人们对婚姻及婚姻法的反思。

新中国《婚姻法》颁布 60 年来，人们的社会生活发生了巨大的变化，对待爱情、婚姻、性的态度也随之发生着微妙的改变……电视剧《蜗居》的热播重新引起人们对于"第三者"的关注。剧中的海藻，不愿意像姐姐海萍一样为买房而奋斗，却甘愿当"小三"，得到了比海萍更多的物质享受和来自市长秘书宋思明——一个中年有家男人的"爱"。在房价高企的今天，海藻的选择得到了一部分人的赞同，她的"小三"语录迅速在网上流传，比如"人生的意义是什么？是让自己在日子中承受痛苦，还是为了享受欢乐"，也因此引发了一场新的关于道德与婚姻爱情的争论。

相关案例最著名的当数四川泸州"二奶案"。本案中的被告蒋伦芳与本案中的遗赠人黄永彬于 1963 年登记结婚，婚后感情一直不合。在 1996 年，黄永彬与张学英相识后，二人便一直在外租房公开同居生活。2001 年年初，黄永彬因患肝癌住院治疗，张学英一直在旁照料。黄永彬于 2001 年 4 月 18 日立下书面遗嘱，将其所得的住房补贴金、公积金、抚恤金和卖泸州市江阳区新马路的房产所获款的一半 4 万元及自己所用的手机一部，总额 6 万元的财产用遗赠的方式赠与张学英所有。2001 年 4 月 20 日，泸州市纳溪区公证处对该遗嘱出具了（2000）泸州证字第 148 号公证书。同年 4 月 22 日，黄永彬因病去世。黄永彬的遗体火化前，张学英偕同律师上前阻拦，并公开当着原配蒋伦芳的面宣布了黄永彬的遗嘱。称黄永彬将 6 万元的遗产赠与她。但蒋伦芳拒绝分配财产，当日下午，张学英以蒋伦芳侵害其财产权为由诉至泸州市纳溪区法院。纳溪区法院于 2000 年 4 月 25 日受理，于 5 月 17 日、5 月 22 日两次公开开庭进行了审理。最后，经审理认为，遗赠人黄永彬的遗赠行为违反了《民法通则》第 7 条"民事行为不得违反公共秩序和社会公德"法律的原则和精神，损害了社会公德，破坏了公共秩序，应属无效行为，并于 2001 年 10 月 11 日作出驳回原告张学英诉讼请求的一审判决。泸州中院二审法院在查明本案的事实后，以与一审法院同样的理由，当庭作出了驳回上诉，维持原判的终审判决。这个判决尽管赢得了民众的掌声（因为普遍认为张是"二奶"），但在法学界产生了分歧（遗赠人黄永彬的遗赠行为是否有效？作为"二奶"的张学英有没有资格接受黄永彬的遗赠？在国外，遗嘱人可以将自己的财产赠与给小猫小狗）。法官们显然采纳了遗赠无效的观点。

"第三者"插足导致家庭破裂的现象屡见不鲜，很多受害者为无法有效惩治配偶和与之通奸的"小三"而苦恼。同居是指合法婚姻关系的双方当事人共同生活，包括夫妻共同寝食、相互辅助和进行性生活。共同生活的一个固有要素是共同居住，即同吃、同寝、同作和同住所，这是一种男女的相互托付，其中人身特权是主要内容，而性特权且尤为突出。同居权是配偶一方要求另一方承担同居义务的权利。这一特殊的人身方面的义务，实际意味着配偶间正常性自由和配偶以外不正当性生活的无自由或禁止。尽管许多妇女甚至于一些女权组织在 2001 年《婚姻法》修改时提出把上述配偶权（同居权）写进法律，但这种建议没有为立法机关最终采纳，《婚姻法》第 4 条规定，夫妻应当互相忠实，互相尊重。这种忠诚尊重义务，在法律上不能将之理解为配偶权。因此，所谓的夫（妻）性权利是一个伪命题。

尽管不能向小三索赔在某些情况下有不合理之处，但必须承认"法律不进入卧室"，有些社会关系靠道德调整可能比法律要好得多。

不诚信赚便宜吗

有时候可能，但相信一句话：真的假不了！

以前老百姓经济条件差，离婚案件中分割财产也比较简单，现在老百姓生活条件好了，分割的财产多了，财产也复杂了，特别涉及不动产、股票甚至公司的股份等，这些要分割的话就不是法官看看数字就分好的，房屋要经过评估，公司股份价值要通过评估，这就比较复杂了。

但这些案件还不算太难，只要花精力还是可以解决的。比较难的是，部分当事人在诉讼中诚信度差了。由于利益驱使，当事人串通做假证，甚至诉讼欺诈，假地址、假报表、假合同、假证据、假离婚……有的当事人为了达到多分财产或逃避债务的目的，在诉前或诉中制造假借据，形成虚构的债权债务关系。法官也没有侦察手段，很难一下子识别。

正如2011年春节联欢晚会那句经典流行语所说，"人眼睛是黑的，心是红的；可眼一红了，心就黑了"。

浙江宁波鄞州法院对原告代燕诉被告汪萍的借贷纠纷一案通过调解结案。1个月后，汪萍的前夫李成得知这一消息，向法院反映了"代燕与汪萍并不存在借贷关系，二人之间诉讼是虚假的"问题。法院立即进行了调查核实，确认这一问题存在后，依法作出再审的裁定。法院再审过程中，代燕与汪萍承认了二人伪造借条进行虚假诉讼的事实。原来，代燕与汪萍是远房亲戚关系。5月底6月初，汪萍与丈夫李成闹离婚，汪萍为在离婚诉讼中免于承担家庭债务，找代燕帮忙，伪造自己对代燕负有债务的事实。代燕与汪萍编造了 3 份借条，分别写明汪萍在 3 年前曾先后 3 次向代燕借款，借款总额 10 万余元。然后，由代燕出面，到鄞州法院对汪萍提起追讨债务的虚假诉讼，通过调解结案以达到法院确认这一债务关系的目的。7 月下旬，汪萍与李成调解离婚后，汪萍与代燕的债务关系被李成发现作假，李成向法院举报。鄞州法院撤销 3 对代燕诉汪萍的借贷纠纷案的原审调解书，并对虚假诉讼当事人代燕、汪萍分别作出罚款 5 000 元的处罚。

这是被法院发现了的，没有发现的不知道有多少呢！离婚诉讼中这样的情况可真不少。

原告黄某与被告刘某于 1990 年 1 月登记结婚，2009 年 10 月因夫妻感情破裂离婚。离婚时，双方对子女抚养、债权、债务分割进行了约定。2010 年 9 月，黄某发现刘某还于 2008 年 9 月购买了一套房产，登记在刘某名下，但是刘某隐瞒了这一情况。黄某得知详情后，要求进行平均分割，遭到刘某的拒绝。黄某一纸诉状告到法院，要求对前夫刘某所隐瞒的房产进行依法分割。2 月 12 日，河南省汤阴县法院审结该案，判决男方给付女方房屋折价款的三分之二，计款 20 万元。❶

造"假债务"是离婚案件中常见的问题。比如，原先父母赠与的购房款，现在补写一张"欠条"企图变成借贷关系；自己股市中的钱说是替他人炒股的资金；甚至直接找亲朋伪造欠条。

这种案件一般都有几个特点：

一是目的单一。虚构债务的目的就是为了在不可挽回的婚姻中多分一些财产，避免遭受人财两空的结局。为了在诉讼中做到有凭有据，当事人一般都会出具书面借据。

二是借据内容简单。借据记载的借款数额通常以现金方式支付，只有一方签名。一般没有明确的还款日期，也未设置担保。借款时间一般发生在几年前甚至更早，目的是为了在庭审中以"年代久远、记不清了"等词语搪塞法官的提问，以免露出破绽。

---

❶ 2011 年 2 月 15 日《人民法院报》。

三是债权人大多为债务人的近亲属。为操作方便及安全起见，当事人一般都是直接找自己的父母、兄弟姐妹或关系密切的朋友伪造借条，避免在诉讼判决后引起不必要的争执，防止"债权人"凭借借据索要债务。因为凭空给外人打欠条的风险之大，不说你也知道。

四是债务数额一般较大。借据上虚构的债务数额一般从几万元到几十万元不等。借款人一般声称借款用于生产经营、购买房屋等，但对借款用途缺乏必要的辅证。

五是一方对借款不知情。这类"债务"一般都是在离婚诉讼过程中由一方当事人突然提出，而另一方当事人对债务不知晓、不认可。有时债权人为使债务合法化，会在夫妻离婚之前起诉出具借据的一方，而另一方并不参加诉讼，法院一般也不会把他（她）追加为诉讼当事人。待执行夫妻共同财产时，另一方才明白所欠"债务"。

六是证据查实较困难。这类纠纷由于当事人事前通谋进行"抗辩"，达成默契，"债权人"在起诉时提供书面借据，"债务人"承认有借款事实，并同意还款，"债权债务"关系由此确立。

担心对方造假，也是离婚诉讼中当事人最大的顾虑之一。其实，您也不必过于担心。法院有一定的诉讼规则，"造假"也并不是那么容易得逞。

目前，理论界普遍的观点是，法院在审理离婚案件中，不宜直接对债务问题进行处理。法院通常的做法是，如果一方当事人对债务不予认可，通常对债务不予实质审理，而是建议债权人另案起诉。"造假"要面临鉴定、质证的考验，还要面对《婚姻法》第47条不分、少分的后果，甚至参与人还要承担伪证罪的刑事后果，因此，"道高一尺，魔高一丈"，只要注意诉讼权利与技巧，诉讼中对方"造假"问题，可以防范和解决。

真的假不了，假的真不了。我在法院工作时见过这样的假戏不少，其实一认真分析就能识破。只不过，有时法官因种种原因不愿意点破而已。

我们知道，夫妻共同债务是指为满足夫妻共同生活需要所负的债务。夫妻共同债务主要是基于夫妻的共同生活需要，以及对共同财产的管理、使用、收益和处分而产生的债务。认定婚姻关系存续期间的债务是个人债务还是共同债务，考虑两个标准：一是夫妻有无共同举债的合意，即如果夫妻有共同举债之合意，则不论该债务所带来的利益是否为夫妻共享，该债务均视为共同债务；二是夫妻是否分享了债务所带来的利益。尽管夫妻事先或事后均没有共同举债的合意，但该债务发生后，夫妻双方共同分享了该债务所带来的利益，则同样视为共同债务。在时间上，夫妻共同债务形成的期间一般为夫妻关系存续期间，但婚前一方所负的债务符合条件的也可认定为夫妻共同债务。

常言道"一家人不说两家话"，可是一旦夫妻感情没了，后面的事就冷酷得像一场阴谋。当婚姻处于破裂的边缘时，许多夫妻都会使出浑身解数转移财产。有的盗出存单转投股市，有的买房置业将财产转移至他人名下。为了离婚时少分或者不分财产给对方而恶意转移财产之举，实则害人又害己。

再强调一点，婚姻是需要双方以诚相待的，即使在感情已经远离的时候，也不可让诚信消失，为了离婚转移财产，不仅违法还要冒着极大的风险，而且不管成功与否，都不是正人君子的行为。

一人借款夫妻还吗

一般应该是这样。

两人世界打破时财产如何分割？这已成为市场经济下离婚纷争的首要问题。孩子的抚养权、监护权大多有明确的法律界定，夫妻财产则较为复杂，是否属"夫妻共同债务"往往成了争执的焦点。

我们知道，法律上有个概念叫"家事代理权"。指夫妻因日常家庭事务与第三人为一定法律行为时相互代理的权利，也即夫妻于日常家事处理方面互为代理人，互有代理权。因此，只要属家事上的开支，夫妻任何一方都有家事方面的单独的处理权。进一步讲，也就是说夫妻一方在行使日常家事代理权时，无论对方对该代理行为知晓与否、追认与否，夫妻双方均应对该行为的法律后果承担连带责任。

《婚姻法》第 41 条规定：离婚时，原为夫妻共同生活所负的债务，应当共同偿还。共同财产不足清偿的或财产归各自所有的，由双方协议清偿，协议不成时，由人民法院判决。

理论上夫妻关系存续期间的财产是夫妻共同财产，那么债务当然是共同债务。这是"夫妻一体"原则的体现。

但在司法实践中，如何认定债务是否为"夫妻共同生活所负"，往往比较困难。可能是基于这种考虑，最高法院在《关于适用〈中华人民共和国婚姻法〉若干问题的解释（二）》第 24 条中作了如下规定："债权人就婚姻关系存续期间夫妻一方以个人名义所负债务主张权利的，应当按夫妻共同债务处理。但夫妻一方能够证明债权人与债务人明确约定为个人债务，或者能够证明属于《婚姻法》第 19 条第 3 款规定情形的除外。"

但从实践看，随着人们生活水平的提高，离婚纠纷中共同债务认定及处理的表现越来越复杂。最高人民法院的这条规定没有考虑各种错综复杂的情况，其适应力值得探讨。

张先生与徐女士 2003 年 2 月登记结婚，2006 年 2 月经无锡滨湖区法院判决离婚。同年 3 月，案外人吴某向无锡北塘区法院起诉，要求张先生归还借款 40 万元。该院认定，2003 年下半年，张先生因家庭装潢及投资经营需要，向吴某借款 50 万元，后归还 10 万元。尚有 40 万元未还，双方有还款计划、收条等，判决张先生归还 40 万元。已离婚的张先生将前妻诉至滨湖区法院，称此债务为夫妻关系存续期间发生，应共同承担，当年离婚时未对该债务进行处理，故请求判决徐女士支付共同债务的 20 万元。

无锡滨湖区法院在审理张、徐债务纠纷时，创造性地运用《最高人民法院公报》（2006 年第 5 期）案例，认定北塘区法院的判决系对外债务关系，并不能当然地作为处理夫妻内部财产纠纷的依据。张先生主张其个人向吴某借款属夫妻共同债务，则应由本人承担举证责任。而目前所有证据均无法证明这点，故驳回他的诉讼请求。此案一审判决后，张先生曾提出上诉，后又撤诉，现已生效。

《最高人民法院公报》（2006 年第 5 期）曾刊发"单洪远、刘春林诉胡秀花、单良、单译贤法定继承纠纷案"。该案裁判摘要的要旨是："《婚姻法司法解释（二）》第 24 条的规定，本意在于加强对债权人的保护，一般只适用于对夫妻外部债务关系的处理。人民法院在处理涉及夫妻内部财产关系的纠纷时，不能简单依据该规定将夫或妻一方的对外债务认定为夫妻共同债务，其他人民法院依据该规定作出的关于夫妻对外债务纠纷的生效裁判，也不能当然地作为处理夫妻内部财产纠纷的判决依据，主张夫或妻一方的对外债务属于夫妻共同债务的当事人仍负有证明该项债务确定为夫妻共同债务的举证责任。"

这就告诉我们，不能简单地把所有一方的对外债务都认定为夫妻共同债务，法院也不能把属于夫妻对外债务纠纷的生效裁判作为处理夫妻内部财产纠纷的判决依据，以免此条款成为某些人"离婚大战"的"手段"。

20多岁的秦某（女）家住佛山南海，与朋友一起经营一家酒业公司。2007年5月，秦某通过某征婚网站，结识了家住广州的招某。同年7月30日，两人登记结婚。秦某自称与招某在结婚前仅见过两次，就正式以恋爱关系来往。但婚后仅一周，两人就闹离婚。同年8月6日，秦某起诉至广州增城法院要求离婚。而就在离婚案审理期间，秦某突然接到南海区法院一张传票：原告黎某起诉秦某与招某，要求归还一笔120万元的借款。黎某提供了招某于2007年8月2日出具的一份借条，招某向黎某借款120万元，并承诺按年息20%计付利息。秦某自称从来没有听说过此笔借款，她怀疑丈夫招某因离婚之事报复自己，串通黎某假造了这笔巨额债务，企图骗取其财产。于是，她立即以遭遇诈骗为由向警方报案。

南海法院一审认为：黎某提供了招某的签名借条，主张归还借款120万元；招某作为完全民事行为能力人，应当清楚在借条上签名的含义，依法应承担法律责任。综合秦某、招某结婚时间、借款情况、婚后共同生活以及目前关系状态分析，法院不认定招某的借款已用于夫妻共同生活。120万元借款应为招某的个人债务，由招某将借款如数归还黎某，秦某无须对招某的个人债务承担责任。

债主黎某不服一审判决，向佛山中院提起上诉。黎某认为，婚姻关系存续期间夫妻一方以个人名义所负债务，应按夫妻共同债务处理，除非夫妻一方能够证明债权人与债务人明确约定为个人债务，秦某没有举证证明有此约定，因此她应承担连带清偿责任。

佛山中院认为，该借贷案争议焦点是秦某是否应承担连带还款责任，该笔借款是否系夫妻共同债务。结合本案案情，法院不能认定涉案借条所指向的债务为夫妻共同债务。首先，借条上仅有招某一人签名，本身无法显示借款系双方共同意思表示，秦某亦表示对该借条完全不知情，缺乏借款行为系夫妻合意的表面证据；其次，秦某与招某结婚仅一周即起诉离婚，双方共同生活的时间较短，而涉案借款系百万元以上的巨额款项，从常理分析，难以推断已经用于共同生活；最后，招某主张借款是为了秦某

做生意资金周转，且该借款已通过现金方式由秦某取得，但该主张缺乏充分的证据支持。法院据此终审决定驳回上诉，维持原判。❶

必须承认，这个判决是正确的。

当时，我作为法律专业人士接受了报纸记者的采访，支持上述判决。采访见报不几天，招某竟然不知道通过何方神圣打听到我的电话，向我报怨秦某是"卖淫女、有黑社会背景"，认为我"助纣为虐"。这是哪儿跟哪儿啊，我们只能就法律说事。另一方面，这个事件也再次让我看到在金钱面前人的感情是多么的脆弱！都不知道他们到底是因为感情还是财产而生恋情。

江苏无锡中院在审理多起因离婚引发民间借贷的上诉案件中，发现就此类债务的认定和处理存在着截然不同的认识。此类债务具三个共同特点：一是出具借条的债务人与债权人有紧密的亲属关系；二是借款数额巨大，最多的达 50 万元；三是借款形成时间均系离婚期间或者夫妻关系恶化期间。

法官对此类案件产生分歧的原因主要为：认定为夫妻共同债务的法院是基于"夫妻关系存续期间形成的债务，就是夫妻共同债务"的规定，同时对未举债的夫妻一方设定了严格的举证责任，即必须要举证证明债权人与债务人明确约定为个人债务的，才不承担共同归还的义务；而认定为单方债务的法院则着眼于借贷的特殊性，就债权的合法性、借贷双方关系、债务形成时间、夫妻关系状况、借款用途、债务是否存在虚假嫌疑等多方面因素综合的审查而作出的判断。

无锡中院认为根据该类案件的特点，应在夫妻财产与第三人利益之间寻找一种符合公平正义的平衡点，立足于全面维护夫妻的共同利益、夫妻的个人利益以及第三人的合法权益。具体为把握好四个方面的问题：

一是要审查夫妻有无共同举债的合意；

二是要审查夫妻是否分享了债务所带来的利益；

三要对债权人和举债一方设定严格举证责任；

---

❶ 2008 年 9 月 16 日《珠江时报》。

　　四要主动审查债权人与举债债务人的关系、债务形成时夫妻关系的现状、借款的用途等。如果经过审查能够确认是夫妻共同合意形成并且确实用于共同生产、生活的债务，则应当由夫妻共同偿还，反之，则由个人偿还。

　　俗话说鸟为食亡，我们看到人在财面前，似乎比小鸟高明不了多少。

你伤害了我，一笑而过

夫妻之间存在赔偿吗？理论上讲存在。

从多年以前的判决看，似乎最高人民法院是不主张婚内赔偿的。

这也难怪，因为当时不存在夫妻财产约定制度。既然财产是夫妻共有的，如果允许婚内赔偿不过是左口袋出右口袋入，多此一举。

但自 2001 年 4 月 28 日《婚姻法》修正后就不是如此了。第 19 条明确规定："夫妻可以约定婚姻关系存续期间所得的财产以及婚前财产归各自所有、共同所有或部分各自所有、部分共同所有。约定应当采用书面形式。没有约定或约定不明确的，适用《婚姻法》第 17 条、第 18 条的规定。夫妻对婚姻关系存续期间所得的财产以及婚前财产的约定，对双方具有约束力。夫妻对婚姻关系存续期间所得的财产约定归各自所有的，夫或妻一方对外所负的债务，第三人知道该约定的，以夫或妻一方所有的财产清偿。"

于友和江丽 1990 年 5 月登记结婚。1999 年，于友开始炒股，赚了一些钱。江丽因没有固定工作，也想炒股，却苦于没有资金。于是江丽想了个向于友借钱炒股的办法。1999 年 9 月 19 日，江丽向于友借了 5 万元，同时二人签订了一份协议书，约定"江丽帮于友炒股，由于友投入 5 万元人民币，至 10 月 27 日江丽返给于友 52 000 元人民币"。9 月 27 日，江丽又向于友借了 30 万元，并签订协议称："甲方于友，乙方江丽；乙方用甲方个人资金 30 万元炒股。乙方承担风险。乙方在 1999 年 12 月 27 日归还甲方本金 30 万元，然后一次性付给甲方股票红利 12 000 元……"二人同时约定，今后个人的炒股所得归个人所有。而江丽并没有按约定时间还款。2003 年，由于矛盾越来越多，二人决定离婚，但在 35 万元借款的认定上无法达成一致，于是诉至法院。

一审法院认为，于友称此款系向他人借款，但其在举证期限内未向法院提交相应的证据，因此法院视其为于友在与江丽婚姻关系存续期间所得，应作为夫妻共有财产。判决二人个人名下的股票归各自所有；婚后的共同财产 35 万元，江丽给付于友 17.5 万元。判后，于友、江丽均不服，向哈尔滨中院提出上诉。

哈尔滨中院认为，在二人婚姻关系存续期间，江丽向于友借款 35 万元炒股的事实有明确的书面约定，根据《婚姻法》的有关规定，该 35 万元应属于友个人财产，而原审法院认定该款系二人共同财产显属不当。江丽上诉主张应分割各自名下股票，因二人在婚姻关系存续期间各自独立炒股，且江丽在原审期间亦同意股票各自所有，故其上诉主张的理由不成立。判决江丽给付于友 35 万元。

本案中于友和江丽在炒股之前，双方已明确约定炒股所得归各自所有，经济独立，因此在进行财产分割时，二人的股票和炒股所得应当属个人财产，而不属共同财产。关于 35 万元借款，二人有明确的借款协议，协议中明确约定，江丽借款 35 万元用于炒股，并约定了还款日期。因此这笔款项应属于友个人财产，不能按夫妻共同财产计算。

还有婚前个人债务不因结婚而消除的例子。

夫妻婚前借贷的债务是夫妻婚前个人债务，与另一方不发生关系。有些人和对方发生经济往来，最后日久生情，欠债一方（咱们假设是女孩子），就说"我以身相许，直接嫁给你算了"。男孩子欣然答应，这就成婚姻了。那这两个人之间的债务会不会因为债权人和债务人的结合而消灭（法理上叫"混同"）？再假设杨白劳将喜儿嫁给了黄世仁，他就成了黄的岳父，那债务是否必然免除？不会的。除非债权人自愿放弃债权，否则不能这样的！也就是说，夫妻关系并不能成为债务消灭的原因之一。婚后，如果说妻子哪一天没满足丈夫，丈夫不高兴了，拿出欠条来，"喂，那个谁，你把婚前欠俺的钱还俺！"从法律上讲，人家就有这权利。

被告何某向原告张女士借了 15 万元，因是朋友关系，没有出具借条。2008 年 2 月，何某与张女士登记结婚。在婚姻关系存续期间，双方明确 15 万元是原告的婚前个人财产，债务仍然有效。张女士催何某还债，何某出具借条，承诺于 2008 年 12 月 31 日前还清。此后，何某在赚钱养家的同时，陆续归还了张女士 10 万元。但 2009 年 10 月，两人因感情不和离婚，何某还差 5 万余元没还。发现何某不打算再继续还钱后，张女士起诉。法院认为该款项并不属于夫妻共同债务，何某应按约定履行还款义务，判决何某偿还借款，同时按照银行同期存款利率支付利息。

夫妻在婚前借的债，当然是婚前财产，并不因为双方结婚而发生财产的混同。夫妻婚后共同生活不能改变婚前个人财产的性质。在婚姻存续期间债权人主张清偿，也符合法律规定；离婚后，债权人主张债务人承担清偿责任，依法当然应当准许。

不过，应当考虑到的是，双方当事人为了婚前个人财产甚至是婚前相互之间的债务斤斤计较，可能会影响双方感情。这是一个两难的问题。上案正是这样，两个人纠结于相互之间婚前债务，因而结婚不到两年就离婚。在感情和个人财产发生冲突时，当事人的选择是钱财重于感情。

夫妻财产约定制度还有个问题。现实生活中，夫妻一方管理（占有）夫妻共同财产，排除另一方对财产的支配权，使之基本生活得不到保障。但由于种种原因，另一方不愿意离婚，起诉到法院仅请求分割夫妻共同财产，人民法院能否在婚姻关系存续期间对夫妻共同财产进行分割？

最高法院民一庭的意见是：在不解除婚姻关系的情况下，当事人不得请求分割夫妻共同财产。因为夫妻财产关系与双方的人身关系密不可分，这种财产关系只能因结婚而发生，因配偶死亡或离婚而终止。夫妻双方在婚姻关系存续期间可以约定共同财产的归属，能否达成协议属于当事人意思自治的领域，不是法院依职权调整的范畴。

广州市民阿玲与阿强本是夫妻，2009 年 5 月 30 日，阿玲正式提出离婚。阿玲称，此后阿强不断在网上辱骂、丑化她。7 月 26 日，阿强通过网络游戏发布了阿玲的真实姓名，称阿玲为"鸡"，并公布阿玲家的电话。

阿玲发现后报警。次日，广州市公安局白云区分局作出公安行政处罚决定书，决定对阿强行政拘留 5 日。后阿玲诉至法院向阿强索赔。一审法院判决阿强赔偿精神损害抚慰金 1 万元。阿强不服提起上诉。他认为，两人之间的争吵，发生在婚姻存续期间。如果说他辱骂了阿玲，同样阿玲也辱骂、丑化了他。一审判决对夫妻之间发生的正常争吵判决，明显脱离了社会实际情况。

广州中院认为，从公安的处罚来看，阿强确实实施了辱骂，丑化阿玲的行为。另外，双方之间为夫妻关系，发生矛盾时更应互谅互让。阿强却在网络上多次称妻子为"鸡"，绝不是夫妻正常争吵所能使用的言语；且对阿玲而言，阿强发布上述言论对其所造成的伤害，远比其他人使用同样言论所造成的伤害更严重。广州中院维持原判。❶

法院的态度很明确，有错就得赔，有责就要究，于夫妻之间亦是如此。

---

❶ 2010 年 9 月 2 日《广州日报》。

同居如何分手

同居有风险，同居须谨慎。

在我国，恋爱关系仅属于道德范畴，是不受法律调整的。也就是说，有恋爱关系的男女有权将恋爱进行到底，也有权与对方说"BYEBYE"，这种取舍完全取决于个人愿意，任何人都无权干涉。建立了恋爱关系的男女仍享有对自己生活的自主选择权（包括恋爱自由和婚姻自主权），任何一方不能以已与对方建立恋爱关系为由强迫他方与自己始终保持恋爱关系乃至结婚。

有人认为婚前同居是"非法同居"是违法之举，其实是对法律的误解。"非法同居关系"提法，最早出自1989年12月13日由最高人民法院制定的《关于人民法院审理未办结婚登记而以夫妻名义同居生活的案件的若干意见》第1条。但2001年《婚姻法》修正后，后法优于前法，"非法同居关系"在司法概念中就消失了。就是说司法审判中，已取消了"非法同居关系"，取而代之的是"同居关系"。同居关系分为一般"同居关系"和"有配偶者与他人同居"，只有后者才是违法的。有些所谓法律专家还在张口闭口"非法同居"，真是贻笑大方。

来自河南漯河的19岁女孩，2006年暑假在东莞打工期间，在一次溜冰时与男朋友田某结识，并开始恋爱。今年1月，两人一起来到南海官窑打工。怀孕34周后因子宫问题到南海官窑医院求医，做完手术后，男友

以筹钱抽身离去，3日未归，尚欠医院约4万元。❶

对已婚夫妻而言，怀孕产妇生产、节育的费用，无论是夫妻哪一方出，都是从夫妻共同财产里面支付。但对这对恋人来说，可能就是个难题。男友抽身离去，留下一大笔医药费需要女方偿还。如果女方向法院起诉要求男方支付因流产而产生的住院费用，能否支持？很难。《最高人民法院关于适用〈中华人民共和国婚姻法〉若干问题的解释（二）》明确规定，当事人起诉请求解除同居关系的，人民法院不予受理。当事人因同居期间财产分割或者子女抚养纠纷提起诉讼的，人民法院应当受理，直接剥夺了女孩子的诉权。

这些年因男女恋爱期间产生的财物纠纷（俗称"青春损失费"或"分手费"），诉诸法院的案件可真不少，但判决结果却大相径庭。

一有妇之夫与一女子相恋并同居，导致女子三次堕胎，患上了多种妇科疾病，并因此影响了生育能力。男子承诺支付女子20万作为分手的补偿。在支付5万元后，男子违反约定，不再履行协议约定的义务。禅城法院一审判决，男子按约定一次性支付余款15万元。❷

男孩与女青年相恋爱，因为女孩子认为男孩子花心，便要求男孩子写下"爱心欠条"，男孩子欠下女孩子5万元。后来，女孩子因故死亡，其母亲发现了欠条，诉至法院。法院认为，女孩子文化程度不高，也没有特别优秀的技能，因此，她不可能靠打工积累下5万元。原告（女孩子之父母）也提供不出女孩子接受过别人重大财物赠与的事实。虽然原告持有欠据，但缺乏债务关系的事实基础，故判决原告败诉。❸

在网上键入"青春损失费"或"分手费"＋"法院"等关键词进行搜索，得出的结果之多，读者诸君可亲试。至于其结果，大多都是法院出于公序良俗的原则不予保护。

2002年常州市戚墅堰区检察院民行科审查了一起分手恋人之间15万元借贷纠纷案。据男方陈述，这是女方在男方提出分手时要求男方承诺的

---

❶　2008年3月18日《佛山日报》。

❷　2010年8月26日《广州日报》。

❸　《女子世界》2007年9A《"爱情欠条"引发奇特官司》。

离婚为什么

所谓"青春损失费"，男方出于无奈写下欠条，本就无意承诺，事后女方多次索要未果，遂打起了官司。庭审中男方陈述了写借条的经过，但法院还是支持了女方的诉讼请求，认为男方写下欠条，是真实意思表示，应当履行"债务"，判令偿还"欠款"。本案审判长就曾经真诚地对检察官讲过："希望你们查出真相，还事实本来面目，我也知道欠条是男方逞一时之勇所写，借款事实是不存在的，但我拿什么来否定这欠条呢？我只能这样判。"❶

从这起案件中，我们看出，虽然本案中女方的"青春损失费"因男方的举证不能侥幸获胜。但无论是负有法律监督职能的检察官还是负责审判的法官，其从内心都认为"青春损失费"是不能被保护的。

因此，看到禅城法院这个"标新立异"的判决不能不让人惊喜！禅城法院法官没有局限于欠条所产生的合同纠纷，而是认定为损害赔偿所引起的债务关系，由此得出了与其他法院不同的结论。这再次证明了禅城法院法官的智慧。尽管我国非判例法国家，但同类案例的指导作用还是存在的。因此，这个判决的意义值得无限放大。

相当部分的高级法院通过会议纪要认定：婚姻当事人签订的以履行夫妻忠实义务为内容的协议，由此产生的纠纷，人民法院不予受理；以限制婚姻当事人一方的婚姻自由原则为内容的协议，应当认定为无效。这在各地法院都不是少数观点。

但事实上，如果把上述约定视为一方对另一方的离婚补偿协议，又有何不可呢？为什么动辄就一定会认为协议违法呢？如果将婚姻（同居）视为一种契约，违约当然要付出代价，双方在合同中写明代价数额岂不比由法院自由裁量更好一些？

随便给人书写大额欠据，其自然应当承担一定的后果。民法理论上有"甘愿冒险风险自担"，我们现在讲诚信，试想，现在连一纸欠据（书面证据、白纸黑字）的真实性都来怀疑，口头交易还能让人相信吗？在这个诚信缺失严重的社会现实下，我们的社会机能怎样运作？如果法院不支持

---

❶ 2003 年 5 月 21 日《检察日报》。

"青春损失费"或"分手费"，那不是等于间接支持了另外一方的违约（不守信）行为吗？这就让我们不能不纳闷，法律到底要保护谁？

我们看到，许多法院判决的理由是"青春损失费"或"分手费"违反公序良俗，这其实是把同居仍视为"非法同居关系"，"同居关系"分为一般"同居关系"和"有配偶者与他人同居"，而只有后者才是违法的，不能一棍子打死。

退而言之，即便是不道德的同居（有配偶者与他人同居），仍然可能产生合法的债权债务关系，因为法学界有句名言，"法律的归法律，道德的归道德！"

期待着有那么一天，所有的"青春损失费"或"分手费"都能光明正大的得到法院的保护！

说来这世界真奇怪，啥事也会碰上。要举行婚礼了，新郎突然要悔婚。这种在电视剧中才会发生的事，竟然真发生了。

任某与男友申某商定在 2004 年 4 月 24 日举行婚礼。在距婚期只有 4 天时，申某突然提出推迟婚期。任某及家人无法接受，要求男方给予精神赔偿。后经双方协商，男方给女友出具欠条一份，同意因推迟婚期赔偿女友精神损失 1 万元。后任某手持欠条起诉到法院，要求申某赔偿 1 万元。法院审理认为，公民的名誉权受法律保护。原告任某和被告申某商定举行结婚仪式的时间后，原告任某已经通知其亲戚朋友，并准备酒席和置办家具，部分亲戚朋友还将贺礼提前送给原告，由于被告没有客观理由而无故推迟婚期，给原告的精神造成一定损害，同时使原告的威信及名誉在亲戚朋友之间造成贬损。被告曾经承诺赔偿原告精神损失 1 万元并打有欠条，故原告要求被告赔偿其精神损失 1 万元的诉讼请求不违反法律规定。❶

中国人一般都是习惯于先登记后举行婚礼的，而本案中对此并未交代，只是说"在距婚期只有 4 天时，申某突然提出推迟婚期"，其实，我们都知道，举行婚礼只是个事实行为，而非法律行为，因此难以用法律界定。如果我推测正确的话，这个案件应该是离婚诉讼。离婚时女方要求有

---

❶ 2006 年 5 月 30 日《人民法院报》。

过错的男方适当予以赔偿，这个数额恰恰正好是 1 万元罢。如果双方没有办理登记手续，而是先行婚礼后登记（在农村，个别地区确实有这种情况），因为我国法律不保护婚约，而举行婚礼仪式是一种人身关系而不能认定为合同关系，一方坚决不举行，还是不能用人民币来赔偿的。本案涉及婚姻自由和名誉权的冲突，而前者利益较后者为重。因此法院认定女方名誉受损而要求男方赔偿是不正确的。

因为我国法律规定婚姻自由，有结与不结的自由，也有离与不离的自由，有离了再结的自由，也有结了再离的自由，这种自由不受限制。

原告任某和被告申某"商定举行结婚仪式的时间后，原告任某已经通知其亲戚朋友，并准备酒席和置办家具，部分亲戚朋友还将贺礼提前送给原告，由于被告没有客观理由而无故推迟婚期，给原告的精神造成一定损害，同时使原告的威信及名誉在亲戚朋友之间造成贬损"，此系列事实不足以认定侵害了女方的名誉权。名誉权是公民或法人所享有的就其自身特性所表现出来的社会价值而获得社会公正评价的权利。是否构成侵害名誉权的责任，应当根据受害人确有名誉被损害的事实、行为人行为违法、违法行为与损害后果之间有因果关系、行为人主观上有过错来认定。问题就在这儿，人家男方不结婚的行为违法吗？我看难以这样说。俗话说"男怕选错行，女怕嫁错郎"，这位女孩子够不幸的了，我深表同情。所说的只是法律而已。

当法律深深介入我们的感情生活时，我们可能失掉更多真实而多彩的情感。

法律要尊重情感，就不能把情感作为法律规范的对象，所以，法律只需保护婚姻，而不必保护两性之间的情感。

微笑度过每一天（代后记）

在 2011 年春节假期的最后一天，终于写完了这本书。

也要感谢您，亲爱的读者朋友，能够耐心地读完这本书。

这不是一本愉悦的书。

或许你的心情会同我写作时一样压抑，或许你的感觉很复杂，怎么会有这么一本书啊？这同大多数人知道我在写作这种题材时的第一反应是一致的。

因为正如你前面所阅读的那样，也正如你和我曾都亲眼看到的那样，离婚中人性的那些"恶"无处不在。离婚纠纷中的感情、子女和财产大战人称"三大战役"。役役"攥住你我的心，扯着你我的肝，记着你我的忧虑，让你我寝食不安"。

于是我一直在想，如果能够把离婚的那些事儿形成一本书，作为恋爱者的阅读、结婚者的宝典、离婚者的指南，会不会减少不和谐婚姻以及婚姻中的战争？会不会对家庭和谐、社会和谐产生一定作用？

本书缘起于此。从酝酿到成书历经一年终于破茧而出了！

作为作者，我感受到了写作的艰辛、痛苦与成书的快乐，我也对自己的作品有信心。基于：

一个政府公职律师的 4 年法律政策研究；

一个妇女权益志愿者的 6 年实践探索；

一个基层法院法官的 12 年司法历程；

一个法律职业人的 20 年学习与思索；

离婚为什么

一个婚姻家庭成员的 39 年亲身经历。

这些岁月和时光的流逝见证了这本书的诞生。

书的内容很沉重，但我尽量写得活泼一些。这正如我天生不是个乐观的人，但我要求自己每天乐观一些，更乐观一些。

每天清晨醒来，看到的是睡美人太太肤若凝脂的脸，听到酣睡的儿子那可爱的均匀呼吸，就浑身充满了力量。拉开窗帘，明媚的阳光洒遍房间，新的一天开始了。走到楼下，看到邻居，互相高兴地打个招呼或颔首微笑，你会发现远亲不如近邻居，邻里融洽是多么重要。在上班的路上，你发现路边的树木正在发新芽，人们步履匆匆，但每个人脸上都在微笑，都有希望。到了单位，打开电脑，发现博客上文章有几句评论，或赞扬或中肯指正不足。QQ、MSN 上传来的是关注和问候。上班了，无论是会议还是办文件，都在一种和谐的氛围下交流与沟通，用自己的所长服务于岗位。报纸送来了，偶尔发现一个新观点、一则新闻能引发思索和回味，这也足够了。或许上面有一篇"豆腐块""口香糖"，让你欣喜甚至敝帚自珍。"高高兴兴上班去，平平安安下班来"是我们大多数人的理想生活愿景。回到家中，一家人团聚在餐桌前，看看电视，尽管是粗茶淡饭，但在温馨的家园里的平常美食胜过高档酒店的饕餮大餐。一天里，你奉献，你工作，当然你也在收获，收获养家糊口的俸禄，更多的是沐浴在情感（友情、亲情、同事之情）之中。

多么平凡的一天。

但事实上，作为法律人，每一天都会经历着许多让人心痛的事，因为需要寻求法律保护的都是弱势群体，这种发自内心的痛让你无处可逃。这其中就有许多因婚姻问题而咨询的人，甚至我在写作中都接到不下 10 个类似咨询。当我写作本书的时候，他们的名字、他们的形象，特别是他们失望的眼神儿在我脑海中一一浮现。他们刺痛着我的心，让我无法平静，因为我无法提供他们希望得到的答案或者帮助。

正因如此，才有这本书的风格和内容。

可惜，为了保护他们的名誉和隐私，我只能借其故事素材而隐其真实姓名，在此，我要对这些真正的主人公表示感谢，并祝福他们！

在写作中我参阅了近 20 年的具有准判例法性质的最高人民法院公报案例（因为其公开性）；还要感谢一些法学类、情感类书籍的作者，为了写作，我阅读了 40 多本他们的相关著作，其中部分内容本书予以借鉴，除了已经标明出处的外，其他没法一一标列，谢谢你们赐予的精神给养！

一个普通人要写成一本书有多难？相信事非经历不知难。感谢那些为本书写作、出版、发行默默付出的朋友。我不把他们的名字写出来不是忘记，而是因为我把他们记在了心里。

特别要感谢我的太太和孩子。我儿子有一天在书店看到一本外星人的书，他非常害怕，回家后问我："爸爸，你害怕外星人把你抓去当奴役办展览吗？"我笑笑："不怕。因为爸爸现在每天的工作压力和当奴役差不多。"儿子不解，太太在一边大笑。很多人认为我生活轻松，更有人感慨，我要是像你那样生活该有多好。可以肯定地说，我的生活绝对不是他想象的那样。我不想说我有多忙、有多累，因为很多生活方式都是自己的选择，尽管不一定自由。但选择了，就不后悔。职业如此，婚姻也是。

历尽天华成此景，人间万事出艰辛。

当我写完本书的最后一个字，第一时间把喜讯告诉太太。太太说："离婚的书写完了，我也要和你离婚！"儿子说："我跟着我妈妈生活。"我说："除了我的书给我，财产都给你们娘俩！"儿子说："我的书要留给我！"太太说："你的工资卡也要留给我！"就这样，我们一家迅速地达成了个简易版口头"离婚协议"。但离婚，能是那么容易的事吗？一家人哈哈大笑。

生活不可能轻松，但生活中不能没有微笑。要求生活轻松是不可能的，但放松自己的心情却是可以做到的，虽然这也很难，但毕竟是自己能够掌控的。

但想掌控自己的婚姻却很难。古往今来，人们心目中的美好爱情婚姻，有着近乎相似的理想范式。翻开那些传诵千古的爱情画卷，不论是司马相如与卓文君的浪漫故事，还是侯方域与李香君的难舍情怀；不论是《西厢记》中张生与崔莺莺的脉脉爱意，还是《牡丹亭》中柳梦梅与杜丽娘的绵绵情思……从中，我们清晰地勾勒出人们心目中理想爱情婚姻的标准与象征。这就是：郎才女貌。

可惜生活不是艺术。有时候你会很奇怪，明明是郎才女貌（如公认为模范夫妻的姚晨、凌潇肃离婚）为何不能白头偕老？偏偏是"高女人和她的矮丈夫"却恩恩爱爱？其实说怪也不怪。婚姻从来都不是科学，而是一种经历，所以从来不能研究而只能是自我体会。

书籍的作者，犹如炒菜的厨师。你当然可以对他奉献的菜品予以褒奖，那是他最大的欣慰；你也可以对他的烹饪指手画脚，那是你作为消费者在付出金钱（买书的价格）和时间代价后应该享有的权利。读过后，你完全可以把书扔在一边，这是你的自由处分权利。于我，则仍在这里眼巴巴期待你的评价。为此，我专门建立了名为"离婚法律"的QQ群（群号143558532），愿意与读者分享。

我期待真正的批评，一如我在上一本书中曾经提到过的那样。可惜，正如你所知的，在这个社会想听到真正的批评的确不是件容易的事儿。我们习惯于大吹大捧或者是大吵大骂，惟独缺少的是理性的建议与批评。因为今天的社会好像已经缺少共识，而这是我们最需要的素养之一。

但愿通过这本书，通过我的写作和您的阅读，在你我之间能达成共识，那就是：离婚不是件容易的事儿。

再次谢谢您，亲爱的读者！

2011 年 2 月 8 日一稿

2011 年 3 月 5 日二稿

2011 年 3 月 31 日三稿